2024最美长江协助巡护员事迹汇编

湖北省长江生态保护基金会 组编

中国农业出版社
北 京

编　委　会

序 一

　　江之浩渺，孕育生命，滋养万物。长江，作为中华民族的母亲河，自古以来便承载着无数人的希望与梦想。然而，随着人类活动的加剧，长江的生态环境也面临着前所未有的挑战。过度捕捞、水质污染、水生生物栖息地的生境被严重破坏等问题，导致长江渔业资源衰退，濒危物种增多，水生生物多样性下降，生态系统失衡。

　　为了保护长江，维护生态平衡，党中央、国务院做出了"长江十年禁渔"的重大决策。这是一项功在当代、利在千秋的举措，为长江生态修复和水生生物保护提供了宝贵的时间和空间。十年禁渔，贵在坚持，难在执行。在这场守护长江的战役中，无数英勇的战士投身其中，他们不畏艰险，甘于奉献，用自己的行动诠释着对长江的热爱和对生态文明建设的责任担当。

　　本书收录了长江流域各省份36位渔政协助巡护员的感人事迹。他们中，有的是经验丰富的老渔民，有的是初出茅庐的年轻人，有的是巾帼不让须眉的女性，他们来自不同的地方，有着不同的经历，但他们都有一个共同的目标：保护好长江！

　　他们用脚步丈量着长江的每一寸土地，用双眼捕捉着每一次可能的违法捕捞行为。他们不惧风雨，不畏酷暑，夜以继日地坚守在巡护岗位上，用汗水浇灌着长江的碧水蓝天。他们积极参与保护行动，配合执法部门打击非法捕捞，清理河道垃圾，维护水域生态安全。他们还积极开展宣传教育，向公众普及长江保护知识和禁渔政策，提高公众的环保意识和参与度。

他们的事迹感人至深，他们的精神催人奋进。他们用行动证明，长江十年禁渔不仅是渔民的退出，更是生态的回归，是人与自然和谐共生的生动实践。他们用行动昭示：保护长江，人人有责；守护母亲河，我们共同参与。

十年禁渔，任重道远。长江的保护需要我们所有人的共同努力。让我们以这些英勇的协助巡护员为榜样，积极行动起来，从自身做起，从小事做起，为长江的生态修复和水生生物保护贡献力量，让长江重现鱼翔浅底、水清岸绿的美丽景象，让长江之水永续流淌，造福子孙后代。

谨以此序，向所有为长江保护付出辛勤努力的渔政协助巡护员致以崇高的敬意！

中国科学院院士/中国科学院水生生物研究所研究员

2024 年 9 月

序二

古人有诗云："我住长江头，君住长江尾，日日思君不见君，共饮长江水。"长江以其广阔的流域、丰富的生态资源，滋养了一代又一代中华儿女。然而，随着工业化、城镇化的加速推进，长江也面临着前所未有的生态危机，生态环境遭受破坏，水生生物多样性急剧下降，生态系统逐渐脆弱与失衡。

2016年，习近平总书记提出了"共抓大保护，不搞大开发"的重要战略思想，为长江的生态保护指明了方向。2021年，长江流域重点水域十年禁渔政策的实施，更是标志着长江生态保护进入了一个全新的阶段。这一举措，不仅是对自然环境的尊重，更是对人类自身未来的责任担当。

对我而言，长江不仅仅是一条河流，它更像是我生命涌动的一部分，伴随着我成长的每一个阶段。作为在武汉创业的企业家，我的人生可以说与长江紧密相连，30年前在我们在长江边可以看到成群的江豚快乐地嬉戏；30年后，以江豚为代表的长江水生生物生存受到威胁，整个长江生态系统的健康也出现了很大的问题。

企业家发展好自己的企业是一种本能，承担更多的社会责任是一种本分，而将企业家精神与解决社会问题相结合，不仅是一种创新，也能创造更大的社会价值。2016年开始，我亲身参与了阿拉善SEE的长江大保护项目。"凝聚企业家精神，留住碧水蓝天。"这不仅是一句口号，更是中国企业家参与环保的初心和梦想，我们湖北的企业家们也团结起来，开启了公益创业之路，发起成立了湖北省长江生态保护基金会（以下简称基金会），用公益的力量来解决长江大保护中公众参与的短板问题。

自 2017 年起，我们以基金会为平台，和主管部门、科研院所以及渔民兄弟一起，推动以长江旗舰物种江豚的保护为抓手的长江大保护公益行动，推进"协助巡护""小豚大爱""渔民驿站""长江有鱼"等帮助渔民转产转业及恢复长江鱼类的项目，为长江大保护贡献力量。让长江从"无鱼"到"有鱼"，恢复勃勃生机，已经成为长江儿女的共同梦想。

协助巡护项目是环保公益项目的一个典型案例。该项目由基金会等公益组织发起和探索，在实践中完善后，得到农业农村部、人力资源和社会保障部、财政部联合发文要求在长江流域推广。协助巡护制度也已成为长江大保护制度体系中的重要组成部分。2021 年至今，协助巡护员在长江十年禁渔中已经发挥了重要作用，充分体现了"人防技防结合，专管群管并重"常态化执法行动的重要性。从 2017 年至今，我们见证了从最初的 9 个协助巡护示范点、106 名协助巡护员，到如今遍布长江流域的 846 支协助巡护队、2.5 万余名协助巡护员，见证了全国协助巡护力量的成长。协助巡护员中的有些人曾是渔民，如今却已化身为长江生态的守护者，他们用自己的汗水和智慧，守护着这片水域的宁静与和谐。他们的身影，成为长江边上一道亮丽的风景线；他们的努力，更是长江生态保护事业中不可或缺的力量。

在整个协助巡护制度从探索到建立再到向长江流域推广的过程中，很多人都默默地作出了奉献，借此机会我谨代表基金会向他们表达最真诚的谢意。感谢各级农业农村部门对于协助巡护的政策指导和大力支持，感谢科研单位为协助巡护提供理论支撑，感谢阿拉善SEE企业家们和腾讯公益基金会等为协助巡护捐赠公益资金和提供智力支持，感谢各位合作伙伴在协助巡护一线的艰苦奋斗，感谢每一位协助巡护员在长江大保护之路上的坚守和付出！

2024年，基金会和极目新闻继续开展"2024寻找最美长江协助巡护员"活动，102位协助巡护员获得2024年度"最美长江协助巡护员"这一称号，他们中的每一位都是长江生态保护的杰出代表。这些平凡的英雄们用日复一日的巡护工作书写着不平凡的初心与使命，他们穿梭于滩涂间，巡逻于江岸边，无论是烈日炎炎还是风雨交加，都未曾有过丝毫懈怠。他们用双脚探索未知，用双眼捕捉变化，用双手清除威胁，用心灵感受长江的每一次脉动。

在这些协助巡护员身上，我看到了对自然的敬畏之心，对生命的尊重之情，以及那份不畏艰难、勇往直前的坚韧意志。他们用自己的行动诠释了"绿水青山就是金山银山"的深刻内涵，树立了深度参与生态保护的典范。

谨以此书献给所有长江协助巡护员，我们用信仰的环保，带来了我们的环保信仰，这样的环保信仰缔造起一座精神的家园。我相信，在未来的日子里，只要我们携手并进、共同努力，就一定能够守护好长江这条生命之河，让长江的清流永远流淌在中华大地上，让长江的生态文明之光永远照耀着我们前行的道路。让我们一起，继续书写长江生态保护的新篇章！

武汉海特生物制药股份有限公司董事长/
湖北省长江生态保护基金会执行理事长

2024 年 9 月

序 三

十年禁渔，长江开始休养生息。

人们欣喜地看到，江豚回来了，现在武汉、南京、宜昌、湖口等越来越多城市江面都能看见江豚成群嬉戏，甚至记录下了江豚妈妈携宝宝出水呼吸和蜕皮的珍贵画面；不少阔别已久的长江鱼类也回来了，如消失了几十年的鳤鱼近年在长江流域被频频发现。

农业农村部会同水利部、生态环境部、交通运输部联合发布《长江流域水生生物资源及生境状况公报（2023年）》显示，近年来长江水生生物资源总体呈现恢复向好态势，以十年禁渔为重点的长江大保护系列政策措施取得明显成效。其中，水生生物多样性稳步提升，监测到的土著鱼类比2022年增加34种；水生生物完整性指数稳中向好，长江干流和洞庭湖、鄱阳湖的完整性指数评价等级，由禁渔前的"无鱼"回升到"较差"，提升2个等级。

长江水生生物多样性的提升，长江协助巡护制度和长江协助巡护员功不可没。

长江十年禁渔，许多世世代代以捕捞为生的长江渔民上岸，涉及23.1万名退捕渔民。协助巡护制度不仅解决了一部分渔民的转产转业生计问题，也弥补了渔政人员人手不足的缺憾。

2017年6月，农业农村部长江流域渔政监督管理办公室指导湖北省长江生态保护基金会（以下简称基金会）、阿拉善SEE生态协

1

会（以下简称阿拉善 SEE）等环保社会组织，在相关科研单位技术指导及沿江渔业行政主管部门支持下，将最初的"捕鱼人"转型为"护鱼员"的试点示范，开创性地打造成"渔政协助巡护制度"。

目前，长江流域 15 省份基本构建起了专管与群管相结合的执法监管体系。从"出没风波里"到"护鱼行动队"，6 年来，长江流域渔政协助巡护队伍不断壮大。从最初的 9 个示范点、106 名协助巡护员，发展到如今的 846 支协助巡护队、2.5 万余名队员。他们从长江头到长江尾，驻守在长江流域的各大江河湖泊，共同守护"生命长江"。

这支队伍，已成为长江十年禁渔执法监管工作的重要补充力量。协助巡护范围已基本覆盖长江流域干流、重要湖泊、支流等所有水域，巡护内容也从基本水域巡查拓展到了政策法规宣传、违规行为协处、水生生物保护、安全应急救助等方面。

这支队伍，也填补了全球以水生生物保护为目标的协助巡护员的空白，带动并建立起长江水生生物巡护网络，激发了越来越多的人关注并参与长江水生生物保护。

我们看到，2020 年以来，在连续 4 年的长江协助巡护优秀队伍和队员评选活动中，涌现出大量优秀巡护队伍和队员，他们有勇有谋、任劳任怨，不分昼夜坚守在长江干/支流和大大小小的湖泊，他们是长江水生生物的守护者，是长江十年禁渔的践行者，更是长江大保护的宣传员。

携手拯救旗舰物种，共同建设生命长江。保护长江水生生物就是保护长江生态，渔政协助巡护队伍的发展，是长江大保护取得的重要成果，也是公众积极参与生态保护的具体体现。他们为守护长江、保护生态环境贡献了自己的力量。相信在全社会共同努力下，人与江豚嬉戏于长江的美景一定会再现。

借此机会，我谨代表基金会向在协助巡护发展过程中给予关心和支持的各级渔业行政主管部门表示衷心的感谢！向一直给予指导和支持的中国野生动物保护协会水生野生动物保护分会表示衷心的感谢！向给予科学指导和技术支持的中国科学院水生生物研究所、中国水产科学研究院、上海海洋大学、WWF 等单位表示衷心的感谢！向一直在基层深度探索协助巡护制度试点示范的安徽省长江环保协会、宜昌市稻草圈圈生态环保公益中心、湖口县江豚保护协会、鄱阳县鄱阳湖江豚保护协会、江安县鲟梦自然保护中心、九江市微笑天使江豚保护中心、岳阳县东洞庭湖渔政监察执法局、监利市何王庙长江江豚省级自然保护区管理处、扬州市广陵区农业农村局等合作伙伴表示衷心的感谢！衷心感谢提供公益资金支持的阿拉善 SEE 的企业家们，以及腾讯公益慈善基金会、阿里巴巴公益基金会和"XIN 益佰爱心商家"、北京字节跳动公益基金会、新浪微公益和所有捐赠人！

最后，感谢一直奋战在长江保护一线的 25000 多名协助巡护员！向你们致以最崇高的敬意！

湖北省长江生态保护基金会副理事长

2024 年 9 月

前言

2021—2030 年是我国实施长江十年禁渔计划的重要时期,在这段时间内,无数的渔民响应国家政策号召,放弃了传统的捕鱼方式,转而成为身处保护江河一线的协助巡护员。本书不仅是对这一转变过程的真实记录和宣讲传播,更展示了我国在生物多样性保护领域中取得的巨大成效与卓越成就。

这些巡护员们坚守岗位,默默奉献,在日常工作中积极制止非法捕捞行为,参与河流生态环境修复工作,并向社会各界传递环保知识。"最美"守护者的故事以具体案例的形式呈现给读者,真实而生动地展现了每一位退捕渔民从捕鱼人到生态守护者的转变过程,以及他们在这一过程中展现出来的责任感和无私奉献的精神。每一个细节都记录了他们如何面对挑战并实现自我价值的转变。

本书不仅是为了向这些默默无闻却有着重大贡献的一线工作者致敬,更是希望能够激励更多的个人和社会力量参与到保护长江生态环境的事业中来。"美丽母亲河"呼吁大家共担责任、共同努力,在未来继续做好长江禁渔与生态修复工作。每一位渔民都在用行动诠释着"绿水青山就是金山银山"的理念。

本书既是对过去几年间取得成就的总结,更是对未来发展方向的美好展望。书中收录了大量珍贵而感人的图片资料,充分展现了美丽江岸线上发生的故事。希望通过此书能够提高全社会对长江生态保护的关注度和支持力度，在未来共同绘就一幅更加美好的生态文明画卷。

编　者

2024 年 10 月

目录

第一部分
履职尽责，协助基层治理

徐立新（江苏）：护鱼先锋立新志，渔舟唱晚颂赞歌

徐立新，1969 年出生，现在是江苏省泰州市的渔政协助巡护员。从渔民到护鱼员，这样的角色转变意味着一种全新的使命和责任。徐立新深知，这不仅仅是一个身份的转变，更是一种责任和担当。他以饱满的热情和坚定的信念，在协助渔政部门执法的过程中，发挥渔民的优势，善于学习、勤于思考、敢于创新，出色完成了巡护员的任务，并尝试多种渠道投身到长江生态环境的保护工作中。

一、渔民转型，老本行变新技能

每天清晨，当长江边的晨雾还未散去，水鸟尚在低鸣，徐立新的身影已然出现在江边。他的工作开始得早、结束得晚，风雨无阻。夏季，他顶着炽热的烈日巡护；冬季，他冒着刺骨的寒风前行。在长江沿岸的芦苇荡中，他穿行如常，坚守在巡护的第一线。他利用自己多年的捕鱼经验，结合现代监控设备，准确地识别出每一个可疑的活动，确保禁渔政策的有效执行。他耐心开展禁渔宣传，利用标语、随身广播等方式，开展渔民转产转业及沿江企业保护长江宣传，通过发放宣传册、明白纸等劝离违规垂钓人员。

执法部门现场勘察时，往往是徐立新负责手持镰刀，在那些杂草丛生、荆棘满布的区域，不辞辛劳地开辟出一条条通往各个角落的巡查小径。每一步都凝聚着他对工作的执着与认真，他用双脚一寸一寸地踏遍高

港段的江堤与芦苇荡，无论是崎岖不平的石子路，还是泥泞湿滑的河滩，都阻挡不了他前行的脚步，确保巡护工作无死角、无遗漏。

徐立新目前负责的巡护区域是超过 20 千米的岸线，任务艰巨。在巡护过程中，他时常遇到垂钓爱好者的"游击战术"，他们频繁变换位置，"打一枪换一个地方"，这不仅让巡护工作变得复杂多变，也大大增加了巡护的时间，消耗了人员精力。为此，徐立新在巡查时尤为重视江堤沿线与芦苇荡等违规垂钓频发的区域。他的巡护工作不仅仅是在陆地上，他还时常乘船深入江心，实地检查江面情况。通过不懈努力，徐立新与队友们一起，成功发现并制止了多起非法捕捞活动，大大遏制了长江沿岸的非法渔业行为。

泰州是徐立新的故乡，他生于斯长于斯，伴随着滚滚长江水声度过了他的童年和青年时代。年轻时的徐立新，是一名地道的长江渔民，驾着小小的渔舟，穿梭于江水之间。他的双手粗糙结实，皮肤黝黑，他的每一根筋骨似乎都与长江的波涛相连。捕鱼是他的生计，也是他的生活，他从水中捕捞食物，也从江水的起伏中感悟生活。然而，当党中央提出"长江十年禁渔"的决策时，他毫不犹豫地放下了祖祖辈辈传承下来的渔网选择上岸。

因为徐立新曾经是渔民，对于水情鱼情十分熟悉。一次和队友一起巡护时，江边风平浪静，毫无人迹，当船只在江面穿梭时，他却敏锐地察觉异常，果断停船并告知同事水下有渔网。面对同事的疑惑与不解，他迅速行动，将水下暗藏的渔网挑起，证明了自己的判断。同事问他是怎么知道

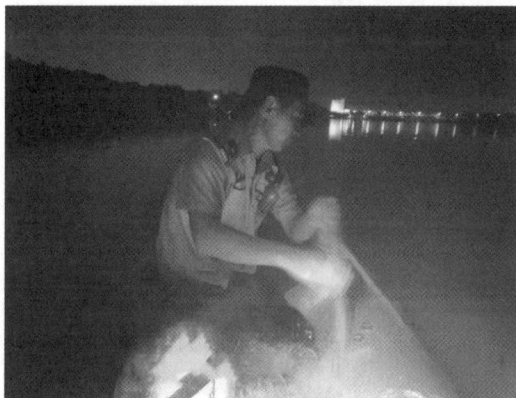

水下有渔网的，徐立新说："作为老渔民，通过一些小标记，就可以看清哪些地方有鱼，哪里设了网。"

徐立新以他丰富的经验、敏锐的洞察力以及对长江这片水域的深情厚谊，成了守护长江生态安全的坚实盾牌。他与协助巡护队队友们的每一次巡护，虽然不都能遇到非法捕捞并给予打击，但都是对长江母亲河未来生态平衡的深情守望。通过他们的不懈努力，长江泰州段沿岸的生态环境逐渐改善，鱼群得以繁衍生息，自然之美得以重现。

二、秉公尽责，禁渔执法不"容情"

2024 年 5 月的一个深夜，正值非法捕捞的高峰期，徐立新像往常一样，驾驶电动车在江边巡护。天色昏暗，刚下完雨的路面十分湿滑，他双眼只顾盯着江面却不慎摔倒，小腿骨折。医生建议他至少需要休息一个月，但徐立新仅仅休整了一周，便毅然决然地重返了工作岗位。即便是在身体的康复阶段，他也未曾停歇，每日坚持前往护鱼队的监控室，借助视频监控系统，以远程的方式协助执法人员细致排查任何可能的违规行为。在此期间，他通过监控系统仔细观察每一个可疑的画面，利用自己的经验和直觉判断哪里可能存在违法行为。在这段时间里，他提供了多条重要线索，帮助渔政人员查处了多起非法垂钓案件。

这是徐立新作为协助巡护员的一个缩影，对工作忠诚和认真是他一直在坚守的原则。刚开始做协助巡护工作的时候，徐立新作为本地人，有一次碰上了熟识的乡亲违规捕捞。对方一看是"老徐"，试图通过旧情来请求通融。然而，徐立新坚守原则，并未因私情而动摇，坚持拍摄证据并将"乡亲"交给渔政部门处理，当事人也因此受到了应有的处罚。然而，当他返回村庄时，却遭遇了部分村民的非议与误解，总是在他背后指指点点说一些难听的话，让他承受了不小的压力，但他没有丝毫怨言。别人问起他，他坚定地说："这是巡护员的底线，如果都说情就能免于处罚，那么以后偷捕的会越来越多。相信以后生态环境变好了以后，乡亲们会理解的。"

这次经历让徐立新意识到，大家对长江禁渔政策和意义的认识还是不到位。他也在这个过程中对自己有了更加清晰的定位，他下定决心，一定要帮助人们更加了解禁渔政策，更好地保护长江。为此，徐立新不仅积极分发宣传手册，耐心向违法人员普及法规，还在村子里向邻里乡亲们传播禁渔的重要信息。更值得一提的是，他与执法团队创新性地提出了"以教代罚"的新模式。针对沿江企业工人中频发的违规垂钓等情节较轻的违规行为，他们采取了一种寓教于行的方式：要求违规者参与半日的禁捕宣传活动，走进工厂成为临时的宣传员，向工友们讲解禁渔政策，分享违规垂钓的教训，以此达到警示与教育的双重效果。这一举措不仅让违规者深刻反省，违法者现身说法也让宣传更有说服力。这一招效果很好，沿江非法垂钓的人员越来越少，大家都夸赞老徐"馊主意"多。

三、榜样力量，学习实践要并行

禁渔巡护工作就像在种树，巡护队员种下的是对未来的希望。徐立新深知，守护长江生态环境不是一朝一夕之事，而是一场持久战。徐立新在给新的协助巡护员培训时讲到，长江禁渔巡护是一线工作，作为辅助人员，必须多看、多巡；既要主动学习，掌握新的巡查方法；用好执法基地的高空瞭望平台；用好 24 小时的视频监控，紧盯垂钓频发的区域；发现情况不要拖拉，要立即报告、及时查处；也要不定时进行巡查，长江上的违规垂钓人员喜欢打时间差、昼伏夜出，巡护人员也要打破常规，提高巡查频率，协助执法人员查处违法行为。

徐立新坚持学习新的巡护技能和设备操作，不断提升自己的工作能力。因为以前开船，所以开车的机会少，徐立新一直没有机动车驾驶证。但是禁渔巡查工作，有时需要驾车，为了更好地完成任务，50多岁的徐立新克服多重困难自费参加驾校学习并获得了机动车驾驶证；他还主动学习电脑操作，掌握了长江禁捕高空瞭望监控平台的各项操作技巧，能够准确辨别、发现违规垂钓现象，并向渔政执法人员及时报告情况。他的学习精神感染了整个队伍，大家在他的带动下纷纷学习各项巡护工作中需要的技能。

作为护鱼队的小组长之一，在完成日常的队伍管理工作之外，徐立新及其团队成员还多次协助中国水产科学研究院淡水研究中心开展渔业资源监测，参与采集各类样本和数据。他们的辛勤付出为长江流域泰州段的生物多样性保护贡献了关键的数据支持，并为渔业管理政策的制定与调整打下了基础。得益于他们的共同努力，泰州市护鱼队连续三年荣获"长江流域渔政协助巡护优秀队伍"称号，这无疑是对其不懈努力的最佳肯定。

三年多以来，徐立新始终坚守初心，不断为长江禁渔贡献自己的力量。他用自己的实际行动，证明了对长江母亲河的深深爱意和坚定守护。他的敬业精神赢得了同事们的赞誉和社会各界的高度评价。面对困难，他毫不动摇："只要还有精力，我就继续在江边工作，继续为长江禁渔出一份力。"

徐立新的话语总是朴实而又坚定，他说："自己的前半辈子靠江而生，打了半辈子鱼，是一名实实在在的捕鱼人。现在我的身份转变了，变成一名护鱼员了，我会用自己的力量，用我的下半生来保护好长江。"十年禁渔，功在当代，利在千秋，每一位长江的守卫者都是在用自己的付出来换取子孙后代的福泽，为我们的未来而奋斗。

朱喜顶（安徽）：身先士卒勇担当，守护江清碧水流

朱喜顶，1984年出生，现在是安徽省宣城市泾县的渔政协助巡护员。朱喜顶虽然是80后，但却有个外号"渔老大"，他这外号并非源自他捕鱼技艺高超或涉渔产业的庞大，而是因为他作为"护鱼先锋"在当地声名远扬，他正是泾县青弋江渔政协助巡护队的领头人。

他与一群转产上岸的渔民，共同组建了一支12人的护鱼队伍，踏上了守护江河、维护渔业生态平衡的征途。作为渔政协助巡护队长，朱喜顶不畏艰难，以身作则，通过科技与人力的结合，成功构筑青弋江禁渔防线，与执法部门紧密配合，积极协助打击非法捕捞，全力守护母亲河生态。

一、学习与实践，铸牢禁渔基层防线

自加入渔政协助巡护队以来，朱喜顶每日早晨8点便雷打不动地出现在青弋江畔。夏日炎炎，无遮无挡的江面酷热难当，他的衣衫湿了又干，干了再湿；冬日则寒风凛冽，手脸常被冻得皲裂。这些他早已习以为常。

然而，对朱喜顶而言，真正的挑战远不止于此。青弋江属长江一级支流，流经泾县段全长75千米，沿途多山丘，交通条件恶劣，巡护队伍在人员有限的情况下，需承担起繁重的日常巡护及河道垃圾清理任务。面对复

杂多样的巡查对象和自身无执法权的限制，他们耐心开展工作，面临很多困难。特别是随着《泾县人民政府关于修改＜泾县青弋江干流水域禁捕通告＞的通知》的实施，禁止任何形式垂钓的规定，工作强度也随之增加。

青弋江流经泾县水域蜿蜒曲折，不仅需要巡查的岸线长，难度也大。按照禁捕要求"人防、技防和物防"并重。为此，泾县农业农村局在青弋江沿岸精心部署了26个高清监控站点，编织成一张严密的监控网络，覆盖了整个禁捕水域。同时，还装备了专业的禁渔无人机，并构建了渔政信息化指挥系统，旨在实现禁捕区域的全时段、全方位监控。

这些高科技"新伙伴"的加入，让朱喜顶既感新奇又略感迷茫。自加入巡护队以来，朱喜顶一直积极加强自身思想和技能学习，坚定思想意识，通过学习提高思想认识，掌握巡护装备应用，特别是执法巡护船艇、无人机、电子监控视频系统等设备的应用，并在主管部门组织的培训学习中取得了船艇和无人机的操作资质。他说："人防和技防一起发挥作用，我们的侦察范围才会更广阔。"为了充分发挥它们的效用，他在专业培训期间，勤奋记录，积累了厚厚的笔记。闲暇之余，他便孜孜不倦地对照笔记，反复练习，逐渐掌握了这些设备的操作技巧。经过不懈努力，他终于能够熟练地运用这些设备了。队内其他成员在遇到难题时，也纷纷向他求教。他对大家说："我们确实要学会这些科技手段，它们就是'千里*眼'，看得可比我们远和准！也能很大地提升巡护的效率。"

---

*:里为非法定计量单位。1里＝500米。——编者注

二、协助与坚守，与执法部门紧密配合

作为巡护队长，朱喜顶以身作则，带领队员紧密配合县农业综合行政执法大队，深入沿江乡镇、村落，广泛发放宣传资料，耐心向群众宣讲禁捕政策及法律法规，让禁捕是为了更好地保护生态造福子孙后代的观念深入人心。对于因不了解法律法规而违规垂钓的人，他在做好协助巡护员本职工作详细记录信息、保留证据并汇报给渔政主管部门之后，耐心地和垂钓者谈心，讲解禁捕政策和重大意义，推心置腹的交谈让很多钓鱼人都加入禁捕宣传的志愿者队伍中来。

而一旦发现疑似违法捕捞的线索，朱喜顶会立即行动，细致摸排，确认事实后立即上报，并针对性地提出查处建议。这些年他与渔政执法人员并肩作战，通过蹲守、围堵等多种方式，有效协助查获多起违法捕捞案件。在执法过程中，他积极参与控制保护现场、证据收集与勘验取证等工作。在过去的 3 年里，朱喜顶与泾县农业综合行政执法大队紧密配合，共同处理了 87 起渔政案件，其中包括 30 余起移送司法机关的刑事案件，严厉打击了违法垂钓行为 210 余起，成功劝离并制止了 850 余人次的违法垂钓活动。

朱喜顶说巡护队中也不乏能人，退捕转产的渔民成为巡护队员后凭借丰富的捕鱼经验和对水域的深刻了解，对违规捕鱼的高发区域和时间了如指掌。基于这些宝贵经验，团队共同制定出了一套高效精准的巡查策略，通过轮班值守与重点时段、重点区域的强化巡查相结合，确保了护鱼巡护工作的全天候无间断。每一个成功案例的背后，都凝聚着朱喜顶及其团队的辛勤汗水与卓越智慧。

"为了躲避巡查，捕捞的人通常都会选在深夜行动。"朱喜顶记得，那是 2021 年 5 月的一个夜晚，大约凌晨 1 点，他在指挥中心的监控里发现青弋江江心洲疑似有人非法捕捞。他迅速作出反应，即刻联络了附近的 3 名护鱼队员，分头赶往现场。为了确保渔政执法人员赶来后能一举抓获非法捕捞人员，他和队员们不敢打草惊蛇，一直趴在水边一动不动用执法记录仪和夜视仪取证。时值 5 月，江边蚊虫已经很多了，但他们丝毫没有受影响，就那样潜伏了一两小时。直到渔政执法人员赶来时，朱喜顶想站起

来，却发现腿已经僵了。

然而，这份工作背后的艰辛远不止于此。遇到非法捕捞者看到巡护员来了以后弃网跳河逃跑，巡护员要优先把人从水里救上来确保其生命安全有保障，有的非法捕捞者因为害怕处罚就是在水里不上岸，巡护员就陪着他们在水里泡了一整夜；也经历过人赃并获却在地上撒泼打滚无理取闹的，巡护员都耐心劝导和细心安抚。随着巡护工作的开展和巡护队的名声在外，朱喜顶的名字逐渐在渔民间传开，同时也引来了部分顽固违法者的记恨，更有甚者不仅出言不逊，还纠集同伙上门滋事，最后都被派出所"请去喝茶"了。"很多偷鱼的人恨我入骨，但是我不怕，邪不压正。"朱喜顶说，既然选择当了护鱼员了，有了这份责任在肩，就一定要干好。

三、辛苦与危险，竭力守护鱼群游弋

"云岭镇坝埂村渡口疑似发现非法捕捞行为，×××和×××你们两人离得最近，请立即按照微信群里的信息赶往现场，我和渔政工作人员从县城赶过去。"这是 2024 年 4 月 9 日的夜晚，朱喜顶在日常视频巡查时发现青弋江江边有异常情况，立即作出的快速反应。两名巡护员先抵达现场，发现现场的河边有一片密林，地形也很复杂，是个大斜坡还有很多沟沟岔岔，两人在岸上看不到河里的情况，在下到河边的过程中在沟里摔倒了 2 次。接到巡护员的反馈后，朱喜顶让巡护员先在大堤上的路口守着。朱喜顶与渔政人员赶到以后发现，现场情况比想象中的还要糟糕，刚下了很久的雨，下到河边的堤上泥泞不堪，一不注意就会滑倒，天很黑，即使

下到河边，凭人的肉眼也看不到非法捕捞者在哪里，因为视频监控有热成像功能，在夜晚看得很清楚，而这些人员做不到。

为了当事人以及现场执法人员的人身安全考虑，朱喜顶与渔政执法人员商量对策，兵分两路，朱喜顶和一名年轻的渔政人员带上手持的热成像记录仪下到河边寻找非法捕捞者并拍摄记录证据，其他人退回到一条汽车频繁往来的必经之路路口进行秘密布控。在这个寂静的深夜里，青弋江面上，一张无形的网悄然铺开，等待着非法捕捞者的落网。

朱喜顶两人一步一滑、连滚带爬地到了河边，但是用热成像仪搜了很久都没有找到非法捕捞的人员。另一组人员在路口守了很久，经过了几辆车，警察检查了都不是。终于，夜色中见一辆面包车缓缓驶来，车轮子上很多新鲜的泥巴，看到警察还想掉头逃跑。在车上发现大量渔获物，但是只发现了下水裤，没有发现捕捞工具。起初，面对渔政和公安人员的询问，这两名嫌疑人支支吾吾，言辞闪烁，不愿正面回答。但在持续的询问下，他们最终承认了企图使用电鱼机进行非法捕捞的事实，并且将电鱼机藏在了大堤下一个隐蔽的地方，准备明晚继续使用电鱼机捕鱼。接到渔政人员的电话后，朱喜顶和其他的巡护员又开始分头行动，寻找嫌疑人藏起来的作案工具和电鱼机。经过将近两小时的仔细搜查，终于在一堆石头后面找到了被包裹得严实、藏匿得隐蔽的作案工具。拍照取证，发回照片和嫌疑人确认以后，朱喜顶和巡护队员又一步一滑地将电鱼机等作案工具抬上岸。最后，嫌疑人面临的将是法律的严惩。上岸以后才发现，朱喜顶身上已经全是泥巴，裤脚还被划破了。朱喜顶没有在意这些，继续后续的工作。

在朱喜顶的巡护工作中，这只是一个普通的夜晚。无论是深夜的默默蹲守，还是直面危险与突发状况，都已成为他工作中的常态。2022年的一次行动中，通过监控系统，朱喜顶锁定了疑似违法捕捞的线索。当时其他渔政工作人员都在外面巡查，朱喜顶与另外两名巡护队员迅速赶到现场，果断出击，制止了非法捕捞行为。在拍照取证的过程中，非法捕捞人员对巡护员进行人身攻击，抢夺拍照工具。朱喜顶一边躲避，一边耐心向非法捕捞者讲解政策，一边等待渔政执法人员的到来。耐心讲解了20多分钟，在渔政执法人员到来的时候，非法捕捞者也认识到自己的错误。类似的情况，在巡护过程中还有很多。2023年11月3日，朱喜顶在配合执法巡查中为制止违法行为现场落水摔倒，受伤骨折。但是朱喜顶没有丝毫怨言，他说："在这些年的巡护工作中，吃了很多苦，也受了很多气，自己的熟人也得罪了不少，他们都说我当个巡护员没有了人情味，但是和非法捕捞讲人情，我们的大自然会和我们讲人情吗？大家都讲人情，把非法捕捞者放走了，他下次还会继续，我们的生存环境会变得越来越差，当大自然的惩罚来到的时候，都会后悔的。法不容情，犯错了就要受到惩罚，才能让我们长江生态变好，才能让我们的下一代有个好的生活环境。"

让朱喜顶感到欣慰的是，经过大家这几年的不懈努力，青弋江里跳跃的鱼群更多了。每当出船巡逻时，看到船舷两侧有鱼群穿梭，他都会觉得他所做的一切很值得。"我希望，有更多人行动起来，一起守护我们的母亲河。"

朱喜顶说："因为我是土生土长的青弋江畔的泾县本地人。我对于这条江很有感情，小时候我父亲带着我在这条江里看到很多种鱼，那时的生态环境很好。只是后来随着捕捞强度的持续加大，很多鱼都见不到了。能做巡护员，为这条江恢复往日的生机贡献一点自己的力量，自己感到十分荣幸，会尽自己的全力去做好。"禁渔工作是一项既艰辛又容易得罪人的苦差事，朱喜顶之所以选择了这份工作，更大的原因是他对青弋江刻在骨子里的情感。

一份责任，一句承诺，在朱喜顶和巡护队员们走在长江保护一线的那些个不眠不休的日日夜夜，他们用坚定的信念和默默的付出，以实际行动践行着初心，守护着泾县的母亲河。

潘振强（河南）：学而不厌驻基层，尽职尽责聚力量

潘振强，1969 年出生，现在是河南省南阳市西峡县渔政协助巡护员。他一直对生态保护极为关注，随着年龄的增长，这份对自然的热爱逐渐转化为对生态保护事业的坚定信念，特别是对渔业资源可持续发展的深切关注。一个偶然的机会，潘振强在渔政部门的公告栏上看见了一则关于招募渔政协助巡护队员的信息，他通过报名和选拔后加入渔政协助巡护队伍。此后，他每日周密巡逻丹水河水域，不畏风雨，坚决协助渔政部门打击违法捕捞，耐心劝导违规者，同时努力学习提升自我，以实际行动推动水域生态改善，用自己的行动为守护碧水蓝天贡献一份力量。

一、周密巡逻，不放过任何蛛丝马迹

每日，潘振强都严格按照既定路线与时间，对丹水河水域进行周密的定期巡逻。他工作认真，仔细搜寻非法捕捞者，特别是性质恶劣的电鱼、炸鱼、毒鱼等违法行为的蛛丝马迹，确保这片水域的宁静和谐。在巡逻过程中，他还不忘积极宣传渔业法规与环保政策，发动身边的村民一起来保护，一起来贡献自己的力量。

当渔政执法人员开展行动时，潘振强总是第一个站出来，提供现场指

认、协助证据收集等关键支持。作为渔政协助巡护员，他深知自己肩上的责任，他总是第一时间向渔政主管部门报告发现的违法捕捞、渔业污染事件以及水生生物异常死亡等情况，为后续的治理工作提供宝贵的第一手资料。

对于情节轻微的违规捕捞或破坏渔业资源的行为，潘振强则采取耐心劝阻与教育的方式，力求让违法者认识到自己的错误，从而自觉加入保护渔业资源的行列中来。他深知，只有每个人都意识到保护生态环境的重要性，才能共同守护好我们的绿水青山。

2024 年夏天的一个早晨，潘振强早早地前往丹水河畔进行例行巡查。他注意到河畔边聚集了几位初中生模样的孩子，他们手持鱼竿和渔具，似乎正计划着登上附近的橡胶坝垂钓。潘振强悄悄地观察着，孩子们并未察觉到潘振强的到来，他们径直走向河边，找了个位置坐下，准备架设钓竿开始钓鱼。当前正处于禁渔期，垂钓也是被禁止的，且未成年人在河边活动存在一定的安全隐患。潘振强立即走到孩子们面前，首先提醒他们河边垂钓的危险性，随后又表明了身份并耐心地向他们讲解了长江十年禁渔政策，禁渔期垂钓是违法的，十年禁渔的初衷是为了恢复水域生态环境和水生生物多样性。

听到潘振强的耐心讲解，孩子们十分配合，立刻停止了垂钓并收起了钓具。孩子们说他们还不了解国家的禁渔期政策，他们只是为了好玩才来河边钓鱼的，要是知道禁渔期是为了保护鱼类产卵等生态活动，他们肯定不会来钓鱼，并保证以后也不会在禁渔期钓鱼，同时也会向家里人和身边的同学宣传禁渔期政策。潘振强听了十分高兴，感觉到了宣传教育和打击非法捕捞同样重要，不仅是中小学生，还有其他普通公众都是有社会责任感的，只是因为不了解，知晓以后一定都会大力支持十年禁渔和水生生物保护政策。

作为渔政协助巡护队伍中的一员，潘振强还一直坚持学习新的知识。他计划通过参与多样化的培训课程和学习活动深化自己在渔业法规及政策领域的专业知识，不断提升自我，确保在实际工作中能够精准判断并妥善处理各类复杂情况。

二、风雨无阻，家人的支持是坚强后盾

潘振强始终如一地坚守在巡护的岗位上，以高度的责任心和敬业精神，认真履行着每一项职责。无论面对怎样的恶劣天气和艰难环境，他都毫不退缩，确保每一次巡护任务都能圆满完成，坚决不放过任何可能损害水域生态的违法行为。潘振强说："因为我自己热爱这份事业，所以即使再苦、再累、再忙，我有一种很大的成就感。"

2023年夏日的一天，正当潘振强在河边执行巡查任务时，天气骤变，乌云密布，狂风呼啸而来，紧接着暴雨倾盆而下。面对恶劣的天气，潘振强并未因个人安危而退缩。在风雨交加中，他坚持在水库边缘巡逻，细心排查着每一处可能隐藏的风险点。无论是违规垂钓者的踪迹，还是因暴雨而可能遭遇不测的老人与孩童，他深知，暴雨中的每一步都充满了未知与危险，但守护的职责让他无法停下脚步。

雨水无情地打湿了他的衣衫，直至全身湿透，但潘振强始终坚守岗位，直至确认河岸边一切安全才放心地走上回家的路。回到家中，他虽已浑身湿冷，但心中却充满了自豪。那场暴风雨过后，潘振强感慨地说：

"我想我这份工作干得真值得。"

潘振强的家人对他加入渔政协助巡护队伍的决定给予了极大的支持与鼓励。他们认为，这是一项既对社会有贡献，又有利于生态环境保护的崇高工作，深信潘振强能够在这个岗位上充分展现自己的价值，为之贡献力量。潘振强说："家人们为我的决定感到骄傲，对我加入渔政协助巡护队伍十分支持，但也表示担心工作中的安全问题，希望我在履行职责的同时，时刻注意自身安全。"

夏日炎炎，正值乡村的繁忙农时，8 月尤为关键，是花生丰收的季节。然而，这个季节也伴随着违规垂钓行为的频发，不少垂钓爱好者会选择在凉爽的夏夜清晨悄悄前往水域边垂钓。潘振强的家庭正处于农事繁忙之际，需要人手，但他却肩负着巡护的重任，不得不离家外出，家中的农活几乎全落在了妻子的肩上。尽管如此，妻子依然深明大义，她深知潘振强的工作对于长江生态环境的保护至关重要，因此毫无怨言地承担起了所有家务与农活，给予了他全力的支持。每当潘振强结束一天的巡护工作归来，尽管身心疲惫，他仍会毫不犹豫地投入到家中的农活之中。

三、积跬步至千里，协助巡护从一点一滴做起

随着公众环保意识的普遍提升与治理力度的不断加强，潘振强负责巡护的水库、水塘以及5 000米丹水河部分水域的水质显著改善，污染物排放量大幅下降，水体透明，达到了前所未有的清澈。与此同时，管理体系相关法律法规逐步完善，监管网络日益严密，有效遏制了非法捕捞、违规排污等破坏生态的行为，尽管违法违规现象偶有发生，但整体趋势向好。这与潘振强和其他协助巡护员的努力密不可分，渔政协助巡护队伍通过不懈的努力，积极协助执法部门寻找证据，成功侦破多起非法捕捞案件，收缴非法渔具若干，对非法捕捞活动形成了强有力的震慑。

在强化执法的同时，宣传教育工作也取得了令人瞩目的成效。潘振强和同事们通过深入社区、渔村，举办渔业法律法规与环保知识的普及活动，不仅极大地提高了周边渔民及居民对渔业资源保护重要性的认识，还显著减少了违规捕捞行为的发生，营造出了全民参与、共同守护的良好社会氛围。

2022年的某个清晨，潘振强像往常一样外出巡护，未发现任何异常情况，于是便回家吃午饭。正在吃饭的时候，手机突然响起，"线人"来电，带来了一个紧急消息——那个多次被警告却屡教不改的非法捕捞者又在搞非法捕捞。闻讯后，潘振强立即放下手中的碗筷，匆匆赶往现场。

面对这位"老对手"，潘振强在去的路上已经向渔政部门报告，到了现场以后首先拍照和视频取证，然后把捕捞网具弄上岸，对非法捕捞者进行耐心的说服教育，试图通过耐心细致的劝说让对方认识到自己的错误。然而，对方非但不听劝诫，反而态度恶劣，言辞间充满了抵触与不满。面对这样的情况，潘振强并未气馁，他继续以极大的耐心和坚定的立场与非法捕捞者进行周旋，等待渔政执法部门的到来。

经过一番艰苦努力，潘振强的坚持与真诚终于打动了这位顽固的非法捕捞者。对方的态度逐渐发生了转变，从最初的抵触到后来的沉默，再到最后的悔悟，最终心服口服地认识到了自己的错误。更令人欣慰的是，他不仅表示悔改，还主动提出愿意协助潘振强及其团队进行禁渔政策的宣传，并参与到协助打击非法捕捞的工作中来。后来，此人找到了潘振强表

示感谢，同时也正像他以前承诺的那样，积极加入协助打击非法捕捞的志愿队伍中来。

成功说服并感化一位顽固的非法捕捞者，让他从破坏者变为守护者，这份成就感无疑是深刻而难忘的，它激励着潘振强继续为保护渔业资源、维护生态平衡贡献自己的力量。

潘振强还规划着积极学习新技术与新设备，他打算深入学习并应用如无人机、高空探头监测等先进巡护技术，以实现更广泛、更高效的水域监测。他期望通过长期不懈的努力与经验积累，能够为本地渔政协助巡护工作的制度构建与规范完善贡献宝贵意见。同时，他梦想着能够激发更多人的环保意识，引导他们加入水域保护的志愿者行列中，汇聚成一股强大的保护力量，共同守护这片珍贵的水域生态环境，让清澈与和谐成为这片水域永恒的标签。

谈及长江十年禁渔政策，潘振强感受深刻。他认为，这一重大举措不仅是对生态环境的深切关注，为当代及后世子孙构建更加宜居的自然环境，而且其深远意义更在于渔业资源的逐步恢复所带来的连锁效应。长远来看，这将有力推动旅游业的蓬勃发展，成为经济增长的新引擎，同时，也将在社会层面创造出不可估量的价值。

潘振强用自己一丝不苟的工作态度和成绩回答了这个问题，作为一名专职的渔政协助巡护员，他将守护长江水域视为毕生的事业与不可推卸的责任。每一天，他都以高涨的工作热情，兢兢业业地投入工作中，用实际行动回答了何为价值——那就是对职责的坚守，对使命的忠诚以及对美好未来的不懈追求。

舒银安（江西）：接过护鱼接力棒，守护中国江豚湾

舒银安，1967年生，现任江西省九江市湖口县水上（江豚）协助巡护队队长。湖口县江豚协助巡护队是长江流域建立的第一支由渔政部门主管的协助巡护队，2017年6月由湖北省长江生态保护基金会支持成立。成立以来协助渔政主管部门打击非法捕捞、保护江豚等水生生物，为协助巡护制度探索积累了大量经验。随着长江流域生态保护与高质量发展的现实需求越来越迫切，湖口县人民政府探索打造"中国江豚湾"品牌，通过江豚保护行动与文化传承、旅游发展、企业绿色转型、县域经济发展思路提升等多方结合，探索出一条以旗舰物种保护为抓手，讲好保护故事助力经济转型与发展，生态环保与经济协同发展的新型发展之路。

一、应运而生，建立全国第一支渔政部门领导的协助巡护队

湖口，是鄱阳湖的出口，由此入长江，因此而得名。湖口是鱼类和长江江豚等水生生物等来往鄱阳湖和长江干流的重要通道，也是长江中游和下游的分界点。湖口县是一座只有20多万人口的县城，总面积673千米²。鄱阳湖在湖口县境西部流经27千米，境内水域90.3千米²；长江沿县境北部流经17千米，境内水域15.25千米²；江湖岸线51千米，其中

沿江 22 千米、沿湖 29 千米。

舒银安出生在渔船上，祖上也都是依靠捕鱼为生，是个地地道道的渔民。现年 57 岁的舒银安从十几岁开始跟随父母亲捕鱼，也见证了鄱阳湖渔业资源的兴盛和衰退。曾经的长江三鲜之一的鲥鱼，在舒银安年轻的时候经常在他的渔网中出现，到后来越来越少，到 20 世纪 90 年代的时候鲥鱼几乎就消失不见了，它们去哪了呢？这个问题曾经困扰着舒银安很久，后来，不仅鲥鱼不见了，其他种类的鱼也越来越少，能见到的鱼的捕捞量也越来越少。电捕鱼、"迷魂阵"等捕捞方式的出现，让舒银安意识到即使是渔业资源如此丰富的鄱阳湖，如此灭绝式地捕捞下去终究有被"捕光"的那一天。

2017 年，长江大保护的春风已经吹遍长江沿线，长江生态保护基金会在农业农村部长江流域渔政监督管理办公室的指导下，开展协助巡护制度的试点，计划把"捕鱼人"转型"护鱼护豚员"，协助渔政部门打击非法捕捞，保护长江江豚等水生生物，探索长江大保护一线行动。湖口县快速响应长江生态保护基金会的号召，县渔政局退休局长周军琪迅速组织渔民建立了湖口县协助巡护队，并担任协助巡护队队长。2017 年 6 月 15 日，湖口县协助巡护队的成立，标志着把"捕鱼人"转型"护鱼护豚员"的协助巡护制度的探索在长江流域正式拉开帷幕。舒银安是 2017 年加入巡护队的第一批队员，后来因为周军琪队长超龄和身体状况等原因，舒银安接过老队长的护鱼接力棒担任湖口协助巡护队的队长，队伍也正式确定名称为：江西省九江市湖口县水上（江豚）协助巡护队。

二、深度实践，配合打造完善长江流域推广的协助巡护制度

在 2024 年长江流域渔政协助巡护骨干培训班的 4 期结业考试中，有这么一个考试试题：长江流域第一支由渔政部门领导的水上协助巡护队在哪里成立？答案是湖口。可以说湖口的协助巡护队作为长江流域第一支协助巡护队具有重大的历史意义，将载入长江大保护的史册，不仅仅是因为它是第一支成立的队伍，还因为在探索协助巡护制度的过程中，湖口协助巡护队都做出了重大的贡献。怎么选拔协助巡护员？选拔确定以后怎么上岗培训？在日常巡护工作中有哪些纪律约束？如何加强协助巡护队的日常管理？怎么制定管理办法？协助巡护员没有执法权，怎么和渔政人员高效配合？从 2017 年到 2020 年，湖口巡护队和长江生态保护基金会一起探索，用实践和效果证明由渔民转产而来的协助巡护员不仅可以发挥渔民熟悉"水情渔情"的优势，而且可以有效开展协助渔政部门打击非法捕捞、保护江豚等水生生物的功能，为 2020 年底农业农村部、人力资源和社会保障部、财政部三部委联合发文要求在长江流域全面推广协助巡护奠定了基础。

从 2017 年一路走来，舒银安经历了这一切，三九天巡护冰水刺骨和大夏天太阳晒脱了皮，他和队员们都不在乎，这点苦不算什么。一开始的 3 年，因为渔民还没有彻底上岸，鄱阳湖和长江还没有十年禁渔，在湖口水域的非法捕捞案件还时有发生，因为是三省的交界水域，非法捕捞的经常是其他省的渔船，他们觉得湖口渔政和协助巡护员管不了他们，一直肆无忌惮。2017 年冬天的一个晚上，经过十几个夜晚的蹲守，协助巡护队队员们基本摸清了非法捕捞船只的规律，协助巡护队的 2 艘巡护船和渔政的执法快艇已经悄悄布设在南北港水域的隐蔽处。寒风刺骨，大家裹紧棉大衣，都不敢大声说话，就这样严阵以待，一直等到下半夜 2 点多，还没有接到其他几个小队发现非法捕捞的消息，舒银安带的这个小队也没有发现非法捕捞船只的踪迹。估计是不来了吧，大家正在想着，慢慢好像听到了船只发动机的声音，舒银安用望远镜看去，天太黑也看不清楚，直觉告诉他应该是非法捕捞船只来了。为了避免打草惊蛇，他一直用望远镜观察，同时联系其他几个小队。等近一点，舒银安在望远镜里看清楚了电鱼

船，赶紧和其他小队通气要他们迅速赶来。电鱼船越来越近，手机已经可以模模糊糊地拍到了，舒银安启动巡护船冲出去，用船上带的灯照在电鱼船上，巡护队员们分工明确，拍照的拍照，准备登船的都做好了准备。电鱼船上正在电鱼的三个人惊慌失措，开船者迅速掉转船头准备逃跑，大喊："往水里扔，扔水里。"舒银安驾驶着巡护铁船，从右边快速地追上去，企图用船头把电鱼船逼停，两船相撞产生了火星，这一撞确实让电鱼船的速度降低了不少，也让两艘船紧紧贴在一起。这时电鱼船已经把发电机等都扔到水里了，开始扔渔获物。两名巡护员准备登上电鱼船，这时电捕鱼的一人不知道从哪里摸出一把三角鱼叉，狠狠地向准备登船的巡护员刺去。"小心！"大家惊呼。巡护员赶紧退到后面去，舒银安把船开到和电鱼船有一定距离的位置，拿起大喇叭向电鱼船喊话："电捕鱼已经犯法了，不要再错上加错！想想你的家人，想想你的孩子，赶紧停船！"这时已经可以听到远处渔政和公安快艇的警笛声。很快渔政和公安快艇追上来，三条船联合逼停电鱼船。该团伙是外省的，被带回处理的过程中还放狠话威胁舒银安。

2020 年底，湖口和周边县市区的渔民都转产上岸，外省渔船来湖口非法捕捞的现象就很少发生了。钓鱼的人群却又多了起来，锚鱼钩、爆炸钩等都会对江豚带来伤害。舒银安又带着队员们在钓鱼人中苦口婆心地做工作，宣传江豚保护，倡导大家一起来保护鄱阳湖、保护长江。"跑断了腿、磨破了嘴"，最终还是有很好的效果，越来越多的人成为志愿者，一起来守护长江。湖口协助巡护队的故事也多次被《人民日报》和中央电视

台等媒体报道，国家领导人多次来看望湖口协助巡护队并殷殷嘱托，希望队伍继续做好长江十年禁渔和长江大保护实践中"最后一公里"的坚守，探索"群管"与"专管"相结合的有效之路。

三、江豚经济，打造中国江豚湾影响力带动县域发展大转型

为深入践行习近平生态文明思想，湖口县结合"山江湖"自然资源禀赋，积极参与长江生态修复和水生生物资源保护特别是长江江豚保护，建设"中国江豚湾"—长江鄱阳湖水生生物保护基地。现已建成一个水生生物保护中心，一个长江江豚迁地保护基地，一个特色农业育种中心，一个亲子游乐中心，一个生态康养中心，并且聚焦每年的 10 月 24 日江豚保护日同步举办江豚文化艺术嘉年华，盘活自然生态资源、提升教育文化旅游价值，实现生态产业，从而有效地将生态环境的优势转化为生态农业、生态工业、生态旅游等生态经济，用旗舰物种江豚的影响力带动县域经济转型。

"中国江豚湾，应该是江豚的美丽家园，不能让江豚受到伤害。"舒银安心里这么想着。"让全国各地来中国江豚湾旅游的游客都能看到江豚在这里幸福快乐地生活。我们巡护队要协助渔政部门排除一切可能对江豚产生伤害的因素，保江豚平安。"从当渔民捕鱼的时候至今三四十年，舒银安已经和江豚结下了不解之缘，未来也将会继续坚持守护在江豚身边，当好"江豚保镖"。

王潇（湖北）：巡江卫士守自然，智拿盗鱼护生态

王潇，1989 年出生，现在是湖北省武汉市农业综合执法支队的渔政协助巡护员。王潇自幼生长在长江之畔，在童年记忆中，江边常是鱼虾嬉戏、蝌蚪悠游的景象。然而，随着时间的推移，这些生动的画面逐渐淡出视野，长江的生态状况日益恶化，让他深感忧虑，觉得要做点什么。2023 年，他在网上偶然看到武汉市农业综合执法支队招募协助巡护员协助打击非法捕捞保护水生生物的公告，便毫不犹豫地报了名，经过考核面试体检等层层选拔，最终成功应聘成为一名长江协助巡护员。

起初，王潇的决定并未得到家人的支持，他们担忧这份工作的安全性与稳定性。在工作中，王潇勤勉尽责，运用科技手段与智慧策略，严厉打击非法捕捞，守护长江生态，从日常巡查、协助办案到紧急鳄鱼抓捕，用实际行动筑牢长江基层护鱼防线。随着时间的推移，当家人逐渐意识到长江生态环境面临的严峻挑战，以及保护长江对于整个城市乃至国家的重要性时，他们的态度发生了转变，最终给予了王潇充分的理解和支持，认为他投身这份事业是在为守护长江、改善生态环境贡献自己的力量，是极具价值与意义的。

一、点滴日常，筑牢护鱼防线

作为一名渔政协助巡护员，王潇的日常工作紧密围绕长江武汉江段及其支流的生态保护工作展开，确保每一片水域都能通过不同的手段监控到。渔政协助巡护员的首要职责便是协助执法巡查，他跟随渔政执法人员前往长江、汉江及其通江支流之间，细致排查可能出现的非法捕捞行为，并向周边民众、钓鱼者普及禁渔政策的重要性。王潇说："自从成为协助巡护员，我的工作让更多人了解到，在长江边有我们这群协助巡护员坚守在长江保护的第一线。这份经历不仅让我身边的人对巡护工作有了直观认识，还在社区里产生了积极影响，提升了大家对长江生态保护的重视程度。"

作为协助巡护员，王潇的主要工作内容是协助渔政主管部门打击非法捕捞。当接到群众举报或者在渔政监控系统中发现非法捕捞或者违规垂钓的线索后，渔政人员和协助巡护员就会兵分两路，水陆并进，另一组开船前往，王潇所在的这一组会开车前往在路上堵截，大部分行动都是王潇驾驶渔政执法车辆，他的精湛驾驶技术也在多次行动中为抓获头部嫌疑人发挥重大作用。

在江边巡逻时，王潇不仅要紧盯非法捕捞的蛛丝马迹，还要对长江精灵——江豚的出没格外注意。在武汉这片水域，得益于生态环境的逐步改善，王潇与团队几乎每周都能收到市民发来拍摄到的江豚图片，或亲眼见到江豚的身影，这成为他们工作中最温馨的时刻。王潇熟练掌握无人机驾

驶技术，针对难以直接涉足的泥潭、浅水区域，利用无人机进行高效巡查，一旦发现违规垂钓行为，便立即通过无人机搭载的喇叭进行远程劝导与法规宣传。

除了以上工作，王潇日常所在的武汉渔政码头还是公益放流站，他也会参与到民间增殖放流的协助监督工作中，协助渔政人员严格把关苗种及相关手续，确保放流活动符合生态要求，防止外来物种对本土生态造成破坏。同时，他还跟随执法人员执行生态监测任务的监督，为长江生态环境的良好保障和持续改善贡献着自己的力量。

二、深夜追踪，智破盗捕大案

武汉渔政已经建设完成了渔政天网监控系统，这样先进的技术手段的加入大大提高了巡护效率和水生生物保护的效果。协助巡护员每日主要的工作的内容就是在监控系统前查看武汉两江四岸及支流的现场情况，一旦发现可疑情况便报告渔政人员，一起调至监控系统详细查看，快速固定证据，然后兵分两路火速赶往现场。

2024年春节前夕，通过渔政天网监控系统，王潇和队友们发现在长江天兴洲水域有异常情况。非法捕捞的嫌疑人几乎每天凌晨两三点，都会来到天兴洲水域进行非法捕捞，天兴洲水域是禁捕的水域，这对该水域的生态环境和水生生物来说，无疑是灭顶之灾。经过一段时间的密切关注与紧密筹备，执法团队决定采取行动，但首次出击时，由于天兴洲北岸的地形十分复杂，以及有密集的芦苇丛遮挡视线，狡猾的盗捕者提前逃离了现场。

面对行动失利，王潇与渔政执法人员们并未气馁，而是采取了更为周密的策略。白天，他们深入天兴洲的长江岸边，通过徒步与无人机空中巡查相结合的方式，对沿岸地形进行了详尽的勘察，并推演出几个可能的涉案点，为了方便夜间行动时能够迅速定位，他们还在可能的涉案点作好了夜间识别荧光标记。接下来的十几天，王潇与同事们轮流值守，终于在2月18日，大年初九的夜晚，非法捕捞者再次出现。

渔政指挥中心迅速响应，兵分两路：一路人马坚守监控室，紧盯目标；另一路则由王潇驾车引领，悄然前往天兴洲。考虑到开船前往动静较大，执法船夜航按照规则必须开灯，这样离很远非法捕捞者就能看到，会造成他们提前逃跑。为确保万无一失抓获非法捕捞者，避免提前惊动他们，王潇在行驶中关闭了车灯，凭借对地形的熟悉与记忆，在芦苇丛中谨慎前行。快到地点后，他们提前下车，徒步包抄，利用红外夜视仪精准锁定了三名盗捕者的位置。三人团伙中，一人负责警戒，另两人则穿着下水裤在一米多深的江水里下网。为了防止在水中下网的非法捕捞者受惊后出现意外（落水溺亡等可能），王潇与渔政人员选择了较为稳妥的蹲守策略。在－2℃的寒风中，他们耐心等待了一两小时，直到在非法捕捞者拉网上岸、无暇顾及周边情况的时候，一举将其制服，现场缴获了非法捕捞的渔获物93千克及网具5副。

随后，王潇积极配合武汉市农业综合执法支队和武汉市公安局水上分局完成了对非法捕捞物的称重登记与渔具鉴定工作。此案成了长江十年禁渔政策实施四年来，武汉段非法捕捞案件中渔获量、作案人数及作案工具均属罕见的大案，在社交媒体上引起了广泛关注。

凌晨归队后，王潇又立即投入宣传视频的制作中。当日清晨，关于这次抓捕行动的视频在抖音平台上迅速传播开来，短时间内便收获了5万次的播放量，这不仅对于伺机开展非法捕捞的人员是一个有效的震慑，而且进一步增强了社会公众对长江生态保护的共识与决心。

三、节日蹲守，协助抓捕鳄鱼

在2024年端午节的前一天，正值王潇在武汉渔政码头和渔政人员一起值班。作为他日常工作的一部分，王潇习惯通过浏览抖音等社交媒体平台掌握武汉市钓友活动的热点区域，从而更有效地规划巡查路线。那天早晨，当他正在浏览抖音时，一条视频吸引了他的注意，有市民在武汉市新洲区发现了鳄鱼的踪迹。王潇迅速与视频发布者取得了联系，获取了鳄鱼出没的具体地点和原始拍摄视频。事关重大，若是国家一级保护动物，需要立即开展救护；若不是，那可能是外来物种，不能让鳄鱼长期待在野外，否则会在公众中引起一定的恐慌。他随即向执法部门紧急报告了这一情况。武汉市农业农村局高度重视此事，成立了由分管副局长带队的"捕鳄小组"立即赶往发现鳄鱼的新洲水域，同时发布消息在水产养殖户、科研部门、救护中心、民间组织中寻找"捕鳄高手"，制订严密的抓捕方案。在这过程中已经请有关专家通过网友提供的视频确定此鳄鱼不是国家一级保护动物扬子鳄，而是原本分布于东南亚等国家的暹罗鳄。

经过严密的部署，第一条鳄鱼很快被抓获。然而根据附近群众反馈，鳄鱼有两条，附近的水域可能还潜藏着另一条鳄鱼。鉴于鳄鱼习惯在水域与草丛中隐匿，与周围环境融为一体，抓捕工作变得异常棘手。为了保障周边钓友及居民的安全，执法人员决定增派力量抓捕，王潇也主动请缨，加入新洲的蹲守鳄鱼行动中。恰逢端午节假期，王潇与同事们放弃休假，连续蹲守了数日，尽管环境艰苦，但面对一米多长的鳄鱼可能带来的安全威胁，他们丝毫不敢懈怠。

为提升搜寻效率，他们邀请了专家团队，使用专业手段探测。端午节假期的连续三天，他们不仅在水中和陆地上进行地毯式搜索，还使用了诱饵，并依据专家建议，重点排查鳄鱼偏好的高温水域。经过不懈努力，终于在端午节假期结束后的第一天下午迎来了突破，傍晚时分，他们锁定了鳄鱼的具体位置。为了确保万无一失，不"打草惊蛇"，他们谨慎地布下网阵，缓缓收紧包围圈，直至晚上九点钟，终于成功将第二条鳄鱼捕获。

这次特殊的"捕鳄行动"，只是王潇作为协助巡护员参与长江禁捕工作中特殊情况的一个缩影。在日常工作中，他不仅要面对各种突发状况，如鳄鱼抓捕这样的紧急任务，日常查看监控、岸边巡查等都要仔细认真，时刻保持高度警惕才能发现蛛丝马迹。时间长了，王潇晚上不值班时，睡觉总是不安稳，总是经常醒来，以为有紧急行动，一看自己是在家里并没有在基地待命值守。寒来暑往，风里来雨里去，这些辛苦对于王潇来说都不算什么，只是他觉得亏欠家人太多，节假日不能和家人团聚，这些家人都能理解，但家人生病住院的时候自己也不能在医院照顾，王潇对此深感愧疚。

对于王潇而言，协助巡护员的角色早已超越了单纯的工作范畴，它成了一种使命、一种信仰，深深植根于保护长江、守护自然生态的宏愿之中。谈及长江大保护的深远意义，王潇感慨万千。他回忆起往昔，童年时在长江边玩耍，经常见到鱼群游弋的景象，可是后来，随着时间的推移，儿时记忆中的景象已难觅踪迹。正是这份对逝去美好的怀念与对未来的憧憬，驱使他投身于十年禁渔的伟大事业之中，期望通过不懈的努力，让长江的生态得以恢复，让后世的子孙们能够像他小时候那样，再次享受江水清澈、鱼群穿梭的自然美景。

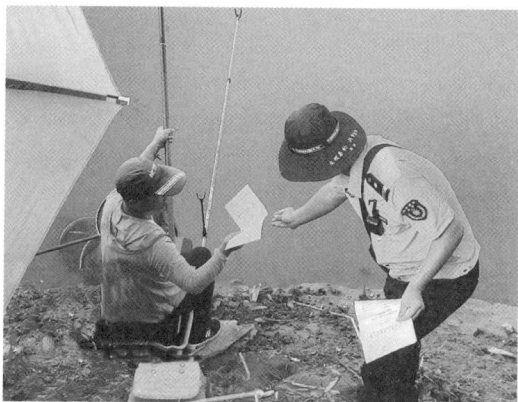

刘芹(重庆)：赤子之心归故里，江水碧波映初心

刘芹，1993年出生，现在是重庆市涪陵区渔政协助巡护员。他是土生土长的涪陵人，在长江边长大，从小就跟着作为渔民的父母一起出船捕鱼。他的成长轨迹、生活点滴乃至工作经历，无不深深印刻着长江的印记，对这条滋养了他的母亲河，他怀有无比深厚的感情。

然而，随着时代的变迁，长江生态系统遭遇了前所未有的危机，水生生物的栖息环境急剧退化，众多珍稀特有物种面临着生存的挑战。目睹着母亲河日渐衰落，刘芹心中充满了忧虑，他想为长江的生态恢复做点什么。刘芹说："一方水土养一方人，保护我们的江河、维护生态平衡是我们每个人应尽的责任。"于是他放弃高薪的船长职位，转型成为协助巡护队队长，从驾驶货船到引领渔政巡护，日夜兼程，无惧无畏，以科技赋能执法。5年间带领巡护队协助渔政部门查获数百起非法捕捞案，成为长江生态保护的中坚力量，荣获国家级荣誉，他的事迹激励了更多人加入环保行列，共筑长江绿色生态防线。

一、放弃高薪，从船长到队长的蜕变

刘芹自幼便在长江的怀抱中成长，作为重庆市涪陵区南沱镇一位退捕

渔民之子，他对长江怀有特殊的情感。2019年，响应国家政策，刘芹的父母带头退捕上岸，告别了捕鱼生涯，实现了从江上到岸上的转变，为长江南沱段的渔民退捕工作树立了鲜明的榜样。

拥有船长（船舶驾驶）资质的刘芹，原本在长江上驾驶货船，待遇优厚。2019年，出于对长江的深深眷恋与保护之责，刘芹毅然放弃了这份安逸与高薪，选择加入重庆市涪陵区渔政协助巡护队，同时兼任渔政执法船艇的船长。刘芹从不后悔自己做出的选择，他说："这份工作让我直接参与到江河的保护中来，我深感荣幸。"

随着涪陵区渔政协助巡护队的发展壮大，2021年9月，刘芹担任副队长及城区巡护执勤站站长的重任，不仅负责制定整个巡护队的巡查检查计划，确保船艇安全，还全面负责重庆市涪陵区农业综合行政执法支队城区巡护执勤站的日常管理工作，为守护长江的生态环境贡献着自己的力量。

一年365天，刘芹始终保持着高度的警觉与责任感，随时待命，以卓越的能力圆满完成了每一次船艇驾驶任务。面对个人时间的付出，刘芹毫无怨言，他说："我们的工作性质是全天候待命出击、全覆盖禁渔巡护。但我认为这是值得的、有意义的。"他的航行记录令人瞩目，3年来累计安全航行里程超过5万千米，无一例安全事故，这不仅是对他专业技能的肯定，更是对他敬业精神的颂扬。

成为协助巡护员的5年来，刘芹的日常工作中大部分时间是与涪陵城区内的6艘渔政船艇相伴。从船艇的操作性能到设备的每一个细节，他都了如指掌，仿佛与这些钢铁伙伴建立了深厚的默契。作为渔民的儿子和一

名船长，刘芹对于巡航水域中的水下险情洞若观火。他深知，只有不断精进自己的航行技术，并带动轮机和水手们共同提升，才能在执法时做到更快、更准、更安全。因此，钻研航行技术、分享经验、促进团队成长，成了他日常工作中不可或缺的一部分。

二、日夜兼程，心怀大义守护生灵

涪陵区城区渔政协助巡护站，作为全区四个巡护站的核心枢纽，肩负着最为繁重与复杂的使命。其管辖范围广泛，涵盖了长江、乌江干流长达70余千米的水域，以及众多支流如小溪、梨鸳溪、麻溪等，总岸线长度超过300千米，管理难度之大，任务之艰巨，不言而喻。

刘芹作为渔政协助巡护队伍的领头人，带领这支精干的队伍，以高度的责任心和使命感，紧密团结，全心全意守护着这片水域的安宁。他们凭借对当地水情、渔情的深入了解，能够迅速发现、准确报告各类违法行为。同时，他们还与渔政、公安等部门紧密合作，积极协助开展执法巡查、鱼类救护及非法捕捞打击行动，为长江十年禁渔政策的顺利实施贡献了力量。

2022年4月12日，刘芹和同事们参与了涪陵区开展的"零点行动"，对禁捕重点水域停靠船舶进行巡查。当晚，他们在长江干流龙桥街道双桂村水域发现疑似有2人利用船舶进行非法捕捞，刘芹和同事们立即随执法人员赶赴现场固定证据、周密布控。经过7小时的蹲守，终于在第二天早晨破获一起外地货船的工作人员利用其工作船非法捕捞的案件。

2022年6月3日凌晨4点，刘芹和渔政人员在日常巡查时发现涪陵区龙桥龙头港长江水域有"动静"，于是他们迅速采取行动，将两名非法捕捞嫌疑人拦截。被抓住时他们已经捕捞了大量渔获，更令人惊讶的是，其中还有一条国家一级保护野生动物长江鲟。随后，刘芹和同事将嫌疑人移交给公安机关，那条长江鲟也被放归了自然。

刘芹和同事们的努力与付出，赢得了当地居民的广泛赞誉，也多次获得了区委、区政府以及市农业农村委的高度认可，成了长江生态保护战线上的一面鲜明旗帜。

在日常巡护工作中，刘芹更是以身作则，无论风霜雨雪、深夜凌晨，还是节假日，只要是有任务，他总是第一时间响应。5年来，他和巡护队共开展了1628次巡护检查，实现了对禁渔水域的全天候待命、全覆盖巡护，为长江禁捕工作筑起了一道坚实的防线。

在这份沉甸甸的责任面前，刘芹舍小家为大家，将全部的精力与热情倾注于执法船艇和这片他深爱的禁捕水域。他甘愿成为长江禁捕执法巡护的"护航者"，用自己的行动诠释着对长江的深情厚谊与坚定守护。值得一提的是，刘芹的家人是他最坚实的后盾，他们深刻理解并全力支持他的工作，"他们知道我在做一件有意义的事情，所以总是给予我鼓励和支持，这让我更加坚定了做好这份工作的决心。"

保护我们共同的母亲河，难免需要个人做出一定的牺牲。然而，刘芹深知，这些付出在长远的视角下，都是为了守护长江的生生不息与生态平衡，它们都是值得的。

三、无惧无畏，协助执法保卫长江

重庆市禁捕区域点多、面广、河流长，非法捕捞和非法垂钓屡禁不止，难以单纯依靠人力实现全天候监管。为此，重庆市农业综合行政执法总队在重点流域和河段架设摄像头，运用高清监控、人工智能、图像识别等技术，用AI预警处置系统解决了这一问题。

2022年2月23日，正值刘芹当班，他利用重庆渔政AI预警处置系统的监控终端，对重点水域展开了例行巡查。突然，屏幕上不寻常的动静引起了他的注意——距离约 2 千米的长江干流对岸，三块石水域附近似乎有人影。仔细辨认后，他确认有 3 人聚集在一起，行为高度疑似非法垂钓。刘芹立即将这一紧急情况上报至执法部门，并持续通过监控保持关注。大约 1 小时后，又有两人加入了非法垂钓。鉴于三块石作为重要的水域水产种质资源保护区，其生态价值不言而喻，刘芹目睹着一条条鱼儿被无情钓起，心中满是焦急。

为了固定证据，刘芹与同事们迅速行动，通过监控摄像头拍摄照片、录制视频，并将这些关键证据及时上报。随后，区公安局与区检察院迅速响应，启动了高效的联动执法机制。执法人员分为两队，迅速前往现场进行拦截。最终，在协助巡护员们与执法人员的共同努力下，所有嫌疑人被成功控制，他们的垂钓工具及渔获也被一并缴获。

刘芹在禁渔巡护工作中，多次受到恐吓威胁，但他始终展现出无畏的勇气与坚定的决心，未曾有丝毫退缩，仍然坚持禁渔巡护，成功协助执法机关突破多起执法难点。2023 年 6 月 16 日，在执行长江禁捕的例行巡查任务时，刘芹所在的执法船艇在涪陵攀华码头水域附近遭遇了惊险一幕。岸上涉嫌非法捕捞的不法分子使用弹弓射出钢珠，直接击碎了执法船艇的挡风玻璃，情况十分危急，幸而未造成实际伤害。8 月 22 日，在核查一起关于非法垂钓的举报线索时，刘芹再次遭遇了暴力抗法的恶劣行为。岸上涉嫌非法垂钓的人员竟不顾后果，抛扔出多块拳头大小的石块，企图阻挠执法行动。幸运的是，由于刘芹等人反应迅速、躲避及时，才未遭受身体伤害。

5 年来，刘芹领导的巡护队伍积极协助渔政与公安部门，成功查获非法捕捞案件高达 518 起，共涉及违法人员 618 名。其中，公安机关深入立案侦办了 130 起案件，涉及违法人员 213 人。此外，他们还协助有关部门收缴了非法工具，包括电捕鱼器 31 套、视频锚鱼器 43 套、各类违规网具 1 860 张以及钓具 10 376 根，有效救护并放生了渔获物达 1 386 千克，这一系列行动对非法捕捞行为形成了强有力的震慑。刘芹所带领的涪陵区渔政协助巡护队因其卓越表现，荣获了农业农村部颁发的"2022 年度长江流域渔政协助巡护优秀队伍"一等奖。

长江是世界上水生生物多样性最为丰富的河流之一，保护长江不仅是在保护江豚、中华鲟等珍稀水生生物的栖息地，更是在保护我们世代居住的家园。作为一名年轻但资历深的协助巡护员，刘芹始终将保护长江视为自己的职责，他说："我会认真履行自己的职责，为子孙后代留下一个美丽、健康、富饶的长江。"他非常希望能有更多的人投入环境生态保护领域，为生态的恢复和珍稀物种的繁衍与生存贡献自己的力量；共同守护这片绿水青山，让长江之水源远流长，让生命之树常青。

陈波（陕西）：痴心绘就生态梦，鱼翔浅底落碧波

陈波，1969 年出生，是陕西省旬阳市棕溪镇的一名渔政协助巡护员。从小生活在汉江边，他对这条养育他的母亲河充满了深厚的感情。然而，随着经济的发展，过度捕捞、电鱼、毒鱼等非法行为严重破坏了汉江的生态环境，鱼类资源急剧减少，河流生态岌岌可危。2021 年，国家实施长江十年禁渔政策，陈波义无反顾地投身于保护汉江生态环境的行列，用实际行动守护着碧水蓝天。

一、恢复汉江鱼类多样性，实现碧水蓝天生态梦

"我在汉江边长大，从小就知道汉江水大，鱼类品种繁多，长江在没有实行十年禁渔时期，人们为了获取利益，大小河流都有人电鱼、毒鱼、炸鱼、网鱼，鱼类遭受到了灭顶之灾，河流生态遭受到了严重破坏，作为老百姓的我，看到后心痛呀！从 2021 年 1 月长江实行十年禁渔这 3 年多来，鱼类和水资源得到了保护，生态环境正发生着巨大变化，现在到了 3 月以后，就可以看到成群结队的鱼儿在汉江中游动，我经常用手机拍下了它们的身影！"说话的正是棕溪渔政协助巡护员陈波。

陈波从小生长在长江支流汉江之滨的棕溪镇，汉江在安康市境内流长 340 千米，占丹江口水库总来水量的 66%。陈波从小就对汉江有着深厚的

情感，是汉江的水哺育了他，才会产生别样的情怀。当他看到生态资源遭受严重破坏，汉江流域鱼类遭受灭顶之灾时，他的心在滴血。

2021年长江十年禁渔实施伊始，陈波有幸成为长江渔政协助巡护员时，他激动得彻夜未眠，暗自在心底发誓一定要管护好自己巡护的水域，让汉江的鱼类多起来，让消失的鱼类重回汉江，让汉江恢复往日的生机。其实，在2021年陈波受聘成为协助巡护员时，汉江生态正处于危难时刻，大规模的不法分子开着自制的各类机动船昼夜电鱼、网鱼成灾。

怎样开展好自己巡护的六千米汉江水域的保护工作，如何提高人们对生态环境的安全意识，怎样制止人们对鱼类毁灭性的伤害，陈波每天都在思考着这些问题，这都成了陈波日夜牵挂的心病。

2021年5月，陈波拿出了积蓄已久的四千元的私房钱，又向老婆"讨要"了一千元，用自己筹集的五千元，请广告师傅在棕溪镇襄渝线汉江边醒目处写下了"十年禁渔 刻不容缓"的巨幅禁渔宣传广告。从此，陈波护鱼的决心和信心以及长江十年禁渔政策，随着广告语渐渐地传递到每个热爱自然、守护家园的人们心中。

为了营造护鱼禁捕强大舆论氛围，陈波到社区宣传成了家常便饭，进校园讲解护鱼相关法规，散发宣传单，他不仅是一个渔政协助巡护员，也是一个护鱼保护生态环境的宣传员。从2021年2月到现在，陈波共走进校园宣传长江禁捕鱼保护6次，散发宣传单1 200余次。这些传单的内容都是陈波自己学习总结，然后手写下来再到打印店请人设计并自费印刷的。

在护鱼巡护工作中，陈波靠一张嘴、两条腿、一件蓝马甲、一个手电

筒，用最原始的巡查护鱼办法开展着保护汉江的工作。成为护鱼员已经有两年多了，陈波做了很多事，但他感到总是不能有效彻底地杜绝"偷鱼贩子"，汉江两岸有些地方从路上没法到达，必须开船才能到达。陈波多次向主管部门申请巡护船只，但是主管部门因为经费紧张等原因，很难在近期实现配备。2023年12月，陈波决定不等了，又自掏腰包买下了一条原来用来摆渡的机动船作为护鱼巡查工具，再加上主管部门配发的望远镜、小喇叭等装备彻底改变了巡护的原始落后局面。陈波就是这样一个办事执着的倔强汉子，为心底热爱的事业倾注真情，他常说："我是一名共产党员，为了家乡的山更美、水更清、天更蓝，值了！"

二、巡护工作要敢"碰硬"，也要依法"融情"

人们都知道，巡护员是一个"找茬儿"的活，做到既能阻止不法行为，同时不发生过激行为，又能说服不法分子迷途知返，实在是一件难事。

2022年6月一天晚上，陈波和往常一样巡护在他负责的汉江江段，离很远就感觉河边的树下面有两个人在钓鱼，用望远镜看因为天黑看不清楚。陈波悄悄地走过去，离近了才发现是两个年轻人使用路亚在钓鱼。他来到跟前亮明身份并要求检查鱼钩数量，两名年轻人上前一边骂骂咧咧，一边抓住鱼竿阻止陈波检查鱼钩，陈波心平气和，不慌不忙地说："年轻人呀，长江十年禁渔是规定，只允许以娱乐为目的一人一竿一钩休闲垂钓，禁止一人多竿、多钩垂钓，我是本河段的护鱼员，依规对你们的渔具进行检查，请你们配合。"两个年轻人听到陈波亮明身份并释法明理后态度急转弯，急忙说："大叔，我们错了，我们不知道有这个规定。我们也是刚开始钓，还没钓到鱼，求您别扣我们的渔具，我们不钓了行吧！"陈波看到两位年轻人被说服了，就说："念你们是第一次被我发现，我只纠正把多余的鱼钩剪掉，但你们的现场证据和姓名身份证号我会保存。如果再犯，到时候处罚就不会像今天这么轻了。"说完拿出随身携带的剪刀，剪掉了多余的鱼钩，两个年轻人被记录取证后离开了现场。

有次在巡护过程中，陈波看到不远处江边芦苇前边有几个荧光点在闪动，直觉告诉他，那里有情况。陈波关掉手电筒，悄悄地来到芦苇边，果然发现有两个人在钓鱼，钓鱼的荧光浮漂发出点点光亮。陈波亮明身份后，要求两人把鱼钩起水接受检查，两个年轻人根本不把陈波放在眼里，就说："你算老几，敢管我们的闲事，信不信我把你推到江里，淹死你？"没想到陈波听了之后没有害怕反而哈哈大笑，说："现在是法治社会，不要成天想着用暴力解决问题。把我淹死你俩也要被判死刑吧？再说，真动起手来就你俩还真打不赢我。把鱼竿收起来，我看看有几个钩子。"两位年轻人被这气势震慑住了，一下子就软了下来，急忙说："大叔您别生气，我们只是跟您开个玩笑，是我们不懂事，请您原谅，我们现在就走。"说完就想走连鱼竿都不想要了。陈波眼疾手快拿起鱼竿，一看确实只有一个鱼钩也符合规定。陈波又给两位年轻人讲解了长江禁捕的政策，半小时之后，两个年轻人带上鱼竿离开，陈波继续巡护。

又是一个巡护的夜晚，那晚没有月亮，天特别黑，陈波在巡护返回途中从河底上岸时，脚下一滑，一下子滚到了河底，还好河底有些草摔得不算严重。陈波试着爬起来，看到鲜血从他的左腿上直往下流，试着活动活动腿脚还好没伤到骨头，只是被划破了腿。陈波喊了好几声，周边也没有人。拿出电话准备给家人打，结果手机还摔坏了怎么按屏幕都不亮。他忍着剧痛，试着爬起来，从衣服上找了根布条简单包扎之后，走到河堤上，想着总能遇到熟人帮自己一把，结果一路上一个人都没有遇到。陈波好不容易回到家已经12点多了，老婆看到浑身泥泞，腿部还在滴血的老伴心疼地说："老陈呀！我们都是上了年纪的人，咱们不当巡护员了行不？"陈波望着妻子深情地说："老伴呀！没事的，不用担心，我没事的。人这一辈子除了生活的柴米油盐能做一点对社会有意义的事情是很难得的，这点苦不算什么！"老伴喊来儿子把陈波送到医院包扎处理伤口，医生让住院检查一下有没有伤到骨头什么的，陈波坚决不肯。第二天晚上，陈波趁着老伴没注意，拿上手电筒，带着新买的手机又去河边巡护了。

陈波就是这样一个"执着任性"的人，凡是他认定的事，绝不会放弃。在巡护中既坚持原则敢"碰硬"，又体现出人性化效果良好。在近三年的协助巡护过程中，陈波参加当地渔政执法大队、公安等多部门的大型联合执法行动五次，协助渔政部门发现并协助处理涉渔违法案件一百余起，在这一百多起案件中，每一位当事人都对陈波的做法称赞有加，他们也在陈波耐心的讲解和宣传中认识到自己的错误，很多人后来还成了护鱼的志愿者。

三、汉江保护持久战，群防群治保碧江

陈波所巡护汉江江段在棕溪社区，地理位置独特且处于集镇人流聚集地段，并不是大家想象的那样人迹罕至的江段，反倒是汉江就在家门口。这样的江段其实保护起来很难，有人的地方就有斗争，生态保护是个持久战，随着汉江中渔业资源的恢复，护鱼人与钓鱼人的斗智斗勇成了"游击战"。为了更好"严防死守"保护鱼类安全，陈波向社区居委会提议整合人力资源群防群治保护汉江的想法，他的合理化建议得到了社区的支持。2022年3月，由社区4名护鱼员、2名环卫员、8名公益岗人员共14人，成立了"汉江生态志愿者服务队"。队伍成立以后，陈波快速地组建了微信工作群，把镇相关领导和派出所主抓治安的公安干警拉入到微信群中。从此，护鱼员不再只从事护鱼工作，环卫员不再只清理垃圾，大家都在原来的工作基础上作出了"一专多能"的探索，巡护一条线，服务事多件。志愿者服务队成立后，队员们利用巡护船定期巡查、打捞江面漂浮物和江岸垃圾，不论哪组人员发现违规垂钓或违规捕鱼者，都第一时间发现并制止，大家发现问题及时提醒，遇到突发情况及时相互支援，在与主管部门的沟通也更加顺畅了，镇领导能及时掌握环保动态，需要公安介入的恶性重大环保案件都快速及时得到查处，在百姓中形成了良好的口碑。

2024年4月初，陈波在巡护过程中听周围的"线人"讲：在汉江与

棕溪河交汇处来了一个大鱼群。陈波立即加大巡查频次，果然发现一个数量达上百尾的巡游产卵的鱼群，因鱼在产卵时反应迟钝，随时都有可能会被偷捕分子一网打尽。陈波就联络志愿者服务队昼夜轮流巡护，通过近10天的无缝监管，直到这群雌鱼产卵结束后顺利回归汉江。苦心人天不负，陈波所管辖的六千米汉江，出现了"群策群力护渔场、绿水青山鱼荡漾"的美丽画卷。

很多人看到陈波工作干得这么带劲，都问他一年政府给发多少钱。其实当地的渔政协助巡护员没有工资，属于公益性岗位，每个月只有四百元的补贴，一年加起来不到五千元。陈波把这些补贴都用到了工作中，而且还不够，巡护船的油费大部分是陈波自掏腰包。很多人都说陈波有点傻，每天累成那样还危险，不挣钱反倒贴钱。好在家里人支持，老伴和子女虽然都很担心但是都很理解和支持陈波的工作；好在看到汉江中的鱼越来越多，看到汉江中以前消失了的鱼现在在汉江中又重现，陈波觉得误解和嘲笑都不算什么，能在有生之年在长江大保护这么好的政策下做一点自己力所能及的事情，这是难得的机会。

有付出，就会有收获；有执着的信念，就会有成功的花开。2023年3月，陈波荣获旬阳市"优秀护渔员"荣誉称号；2023年7月陈波被农业农村部授予2022年度长江流域渔政协助巡护"优秀队员"荣誉称号；2024年7月，陈波被授予"2024年最美长江协助巡护员"荣誉称号。

守护碧波不畏难，勇往前行谱华章。陈波的梦想是所有渔政巡护员的梦想、是长江的梦想、是热爱家园热爱自然中国人的共同梦想。我们仿佛已经听到了"渔歌唱晚"的歌声正开始嘹亮。

荣佰成（四川）：勇禁捕不畏负伤，巡江河满腔道义

　　荣佰成，1995 年出生，现在是四川省广安市邻水县的渔政协助巡护员。从 2020 年开始他就成为一名护鱼志愿者，与邻水渔政执法人员一起开始了长江大保护行动。2022 年，邻水县公开招聘渔政协助巡护队员，荣佰成踊跃报名，通过严格的专业考试，成为一名长江流域渔政协助巡护队员。在协助主管部门打击非法捕捞的过程中，荣佰成总是冲在前面，多次受伤，但是仍然没有打消他参加协助巡护队伍的决心，协助渔政部门破获多起大案、典型案件，有力震慑了非法捕捞者，为水生态保护作出重大贡献。

一、追随榜样的力量，实现护鱼使命

　　2018 年，酷爱钓鱼的荣佰成结识了邻水县农业综合行政执法大队渔业中队队长吴鲤校。吴鲤校队长深入社区和学校，耐心宣传长江十年禁渔政策及其深远意义，他的行动如春风化雨，他的讲解细致入微、生动形象，他那耐心讲解政策的形象影响了荣佰成，逐渐在荣佰成心中播下了保护长江的种子。随着时间的推移，这颗种子在荣佰成心中生根发芽，鱼越钓越少，要想长久有鱼钓，要从现在开始保护鱼类，荣佰成心里想着。恰好，2022 年，县农业农村局公开招聘渔政协助巡护员，荣佰成积极报名，

最终促使他放弃了钓鱼踏上了协助巡护员的道路。在荣佰成成为协助巡护员后，吴鲤校队长始终给予他无微不至的关怀与指导。对于吴队长这份持续的帮助与支持，荣佰成心怀感激，更是打心眼里佩服。"吴中队不仅工作勤勉认真，为人更是正直无私，他的榜样力量一直激励着我前行。"他坚定地说。

作为一名长江协助巡护队员，荣佰成始终将"勤勉敬业"视为自己的行动指南，秉持着"敢于吃苦、甘于奉献、严于律己"的高尚精神，默默守护着邻水县御临河流域的鼎屏镇、城南镇、城北镇及牟家镇等关键河段。荣佰成对上级部署的每一项任务都一丝不苟，确保按时按质完成。在他的巡护生涯中，首要任务是加强宣传引导，提高公众对禁捕政策的认识。四年来，荣佰成不辞辛劳，累计向广大钓友发放了3 000份自制的禁捕宣传单页，耐心劝导并纠正了数千名违规垂钓者的行为。他的足迹遍布邻水县内各水域，累计行程超过15 000千米。

此外，荣佰成还积极协助渔政部门执法人员，共同参与禁捕巡查工作。他以拍照和视频记录等方式，为打击非法捕捞、违规垂钓行为提供有力证据，有效维护了水域生态的平衡与稳定。四年多的协助巡护工作，让荣佰成积累了丰富的实践经验。对于识别违规垂钓行为，他总结出了一套独特的方法：夜晚通过"有灯无漂"的现象判断海竿阵的使用；白天则利用望远镜远距离观察垂钓者的行为是否符合规范。而对于非法捕捞的预测，他更是敏锐地抓住天气与时间的规律，特别是在晴朗的夜晚，他深知这是电鱼、网鱼活动的高发时段，因此常常提前在易发区域蹲守，利用热成像仪、夜视仪等高科技工具，不放过任何一丝非法捕捞的蛛丝马迹。

自邻水县实施长江十年禁渔，并组建县级渔政协助巡护队伍以来，得益于包括荣佰成在内的巡护队员们的不懈努力，该县的渔业资源环境得到了显著改善。水生生物监测数据显示，鱼类品种日益丰富，数量显著增加，整体水资源环境也呈现出积极向上的发展趋势。禁渔期的严格执行，使得钓鱼爱好者们自觉遵循"一人一竿一线，不超过两钩"的钓鱼政策，这一切都见证了渔政巡护工作的重要成果与深远影响。荣佰成骄傲地说："作为长江协助巡护员，我的初心和使命就是保护长江母亲河的那一汪清水和鱼儿。"

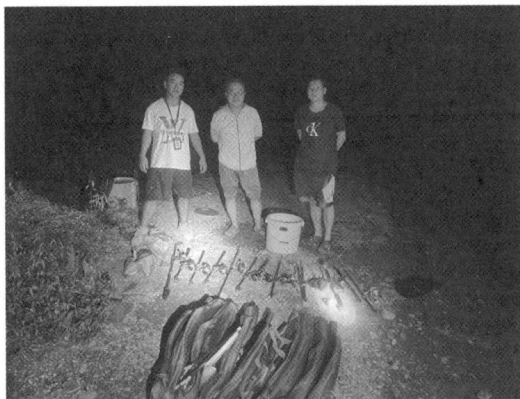

二、不惧伤痕累累，无怨无悔巡护路

荣佰成的工作历程既有喜悦，也不乏苦涩与挑战。汗水与泪水，在这片他守护的水域中，共同谱写着一段段不凡的故事。记得 2022 年 2 月 27 日，那是一个寻常而又意义非凡的日子。荣佰成刚成为巡护员不久，渔政执法人员接到群众举报，荣佰成和渔政人员迅速赶往邻水县丰禾镇河段展开巡查。行动中，他们遭遇了多起利用可视锚鱼进行非法捕捞的违法行为。面对狡猾的违法者，荣佰成与同事们分组行动，在拍摄下了确凿的证据后，非法捕捞嫌疑人暴力攻击渔政人员和巡护员后企图逃跑，尽管对方拼命挣扎，甚至两次将荣佰成摔倒在田埂之下，造成他头部受伤、全身多处软组织挫伤及腰椎间盘突出的严重后果，但荣佰成凭借着坚韧不拔的意志，紧紧抓住违法者不放，直至其他渔政执法队员与公安民警过来帮忙将非法捕捞嫌疑人制伏。事后，荣佰成在医院中休养了一周，身上还缠着绷带又开始了护鱼之路。从此，巡护队的战斗力和这名 90 后小伙子敢拼敢斗的事迹深得领导信任，老百姓们也传为佳话。

2022 年 11 月 6 日，荣佰成面对险境再次挺身而出。这次，他的对手是臭名昭著的"泥鳅党"——一个利用泥鳅作为诱饵，对水域生态平衡构成严重威胁的特殊违法捕捞群体。在协助渔政执法人员处理一起涉及"泥鳅党"的违法案件时，荣佰成展现出了高度的职业责任感与无畏精神。在执法过程中，"泥鳅党"激烈抵抗，把荣佰成推倒滚落河堤下面，导致他的左股骨、内髁骨等处严重受伤，疼痛瞬间席卷全身，但是荣佰成仍然挣扎着想爬起来继续协助抓捕。

2024 年 2 月 1 日，新春的喜悦尚存余温，荣佰成便毅然投身于繁忙的工作之中。此次，他敏锐地捕捉到了非法电鱼者的蛛丝马迹。在精心策划的追踪行动中，团队成员尽管行事谨慎，力求隐蔽，但似乎仍被对方警觉，随即一场突如其来的追逐上演。对方驾驶三轮车慌不择路，疯狂逃逸，直接撞向了荣佰成，刹那间，他的头部重击挡风玻璃，玻璃应声而碎，身体不幸被破碎的玻璃碎片困住并随着三轮车被拖行数十米，场面触目惊心。而就在 4 天后的 2 月 5 日，这本应是荣佰成人生中最幸福的时刻——他的婚礼之日。然而，在如此重大的庆典上，他却不得不以一身未愈之伤，坚强地出现在众人面前，这份坚韧与勇气，无疑为他的婚礼增添了一份不同寻常的意义。

四年来，这一切的艰辛与磨难，荣佰成看着自己身上的累累伤痕，却以乐观的态度面对，荣佰成笑着说："渔政巡护的辛勤汗水流淌在脸上，但看到畅游碧波的鱼儿乐在心里。"

三、协助破案的能手，做长江的守护者

在邻水县的所有协助巡护员中，荣佰成工作扎实，他在寻找线索、摸排调查及跟踪监视方面展现出了非凡的能力。作为邻水县渔政协助巡护队的中坚力量，他参与了超过 90% 的现场取证工作。通过细致入微的线索摸排、精准的信息研判以及无数次的实地踩点，荣佰成成功协助公安与渔

政部门破获了重大非法捕捞案件共计 32 起，其中涉及刑事案件 17 起，成功移送起诉 14 人，行政处罚案件也有 15 起。

尤为值得一提的是，荣佰成还参与了邻水县渔政部门破获的全国首例长江流域重点水域内违反《长江流域重点水域禁用渔具名录的通告》的非法捕捞案件。2021 年 12 月 1 日，荣佰成接到紧急任务，随巡护队前往城南镇云安村六组附近的天然水域进行巡查。在细致的观察中，他敏锐地发现一名垂钓者行为异常，随即引导执法人员上前检查，果然发现该人使用的是明文禁用的渔具。荣佰成立即与执法人员合作，迅速对其使用的非法渔具取证，并将嫌疑人移送至公安机关处理。这一行动不仅彰显了其敏锐的洞察力和高效的执行力，也为全国范围内打击非法捕捞行为树立了典范。

进入 2023 年，荣佰成的工作热情与责任心丝毫未减。9 月 12 日，邻水县护鱼志愿者在九龙镇补巴桥附近发现异常情况，有人疑似利用水管非法抽水捕鱼。经过两天的耐心蹲守，确认该团伙持续进行非法活动后，志愿者迅速上报给渔政部门。荣佰成闻讯而动，与巡护队紧随执法部门赶赴现场，最终成功配合邻水县渔政部门查获了全国首例在国家级水产种质资源保护区内采用"竭泽而渔"方式的非法捕捞案件，在当地和周边取得了巨大的影响力。该起案件生动地告诉企图非法捕捞的人，不管你用什么隐蔽的方式偷捕，肯定都会被发现，莫伸手，伸手必被捉。此次行动不仅有效遏制了长江流域重点水域的非法捕捞行为，还极大地保护了当地的水生生态环境，取得了令人瞩目的成效。

在案件侦破过程中，荣佰成与团队展现出高度的专业素养和耐心。面对已近干涸的水域和明显的鱼浮头现象，他们并未急于行动，而是选择拍照取证静待嫌疑人现身。当嫌疑人开始直播抽水捕鱼时，渔政部门立即联动公安部门进行抓捕，确保了案件的成功侦破。这一系列行动不仅体现了荣佰成及其团队的智慧与勇气，也体现了协助巡护队敢于担当的大局观。

虽然年轻，但是荣佰成却有着十分踏实的工作态度，更是有着一股"初生牛犊不怕虎"的冲劲，这正是因为他将护鱼和保护长江生态环境作为自己的责任。他说，巡护的时候，看到河里的鱼跳出水面，心中总会有一种说不出的喜悦。

面对长江十年禁渔这一具有长期性、艰巨性和复杂性的重大任务，荣佰成作为长江流域一名尽职尽责的渔政协助巡护队员，始终秉持着高标准、严要求。他坚定不移地以问题为导向，全身心投入禁捕工作的每一个环节，力求将各项措施落到实处，确保禁渔政策的深入执行。荣佰成深知这是一场需要持久努力与不懈奋斗的战役，因此他秉持着"久久为功"的信念，不怕吃苦，不怕受伤，坚持为保护长江生态环境贡献自己的力量。

姚明昌（云南）：赤水河上赤子心，美丽家园在如今

姚明昌，1979 年出生，现在是云南省昭通市镇雄县协助巡护员。自 2008 年起，他投身于赤水河的生态环境保护工作，从自发组建义务巡河队到加入保护区管护队，从宣传禁捕政策到清理河道垃圾，他用实际行动诠释着一名护鱼人的责任与担当，为赤水河的生态保护做出了巨大贡献。

他住在昭通市镇雄县果珠乡鱼洞村，村里有一条河叫鱼洞河，是赤水河的一部分，也是长江上游珍稀特有鱼类国家级自然保护区的重要部分，故事就从这条不知名的小河开始。

一、自发组建义务巡河队，守护家园沿河农作物

2008 年，夏日的阳光炙烤着大地，鱼洞河畔的玉米地也即将迎来了大丰收。然而，村民们却高兴不起来，因为他们发现，沿岸的玉米经常被人偷走或是人为的破坏，有些甚至被连根拔起。姚明昌当时是鱼洞村的计生宣传员，得知此事后，内心充满了愤怒和担忧。后来经过蹲守发现，竟然是钓鱼人干的。有些钓鱼人为了钓到更多的鱼，从河边的玉米地里偷玉米投到河里"打窝子"。他深知，这些捕鱼人干的这个事情不仅破坏了村民的劳动成果影响了村民的收入，更威胁到了鱼洞河的生态环境，这种行

为一定要尽快制止。

姚明昌决定采取行动，但是一个人的力量是有限的。他向村支书反映情况，并提出了组建义务巡河队的建议。只有通过村民自己的力量开展有效行动，才能有效地制止偷盗玉米捕鱼行为，保护农田和农作物。他的提议得到了村民代表的支持，并最终纳入了村规民约，义务巡河队也很快组建起来。

为了更好地开展巡河工作，姚明昌主动承担起巡护队队长的责任。他组织村民沿河巡逻，发现捕鱼行为及时制止，并进行宣传教育。他用自己家的车改装成宣传车沿村宣传禁渔期等知识，让村民们了解保护鱼洞河鱼类多样性的重要性。他还积极参与到河道清理工作中，用自己的行动带动村民们保护环境。

姚明昌的巡河工作并非一帆风顺。有一年春天，正是禁渔期，鱼类产卵的时候，他发现几个人正在河里捕鱼，便上前进行劝说。然而，这几个人却蛮横无理，看见姚明昌只有一个人势单力薄，甚至对他进行辱骂和威胁。姚明昌没有退缩，他耐心地向他们讲解禁渔政策，并告诉他们禁渔期捕鱼对生态环境的危害。最终，在他的坚持下，这些人意识到了自己的错误，并主动停止了捕鱼行为，并写下了保证书。

还有一次，姚明昌发现河岸边的垃圾突然间堆积如山，很多还是工业废料，严重污染了河道环境。他一边向环保部门举报，一边自己查找污染源，在拍下照片取证以后组织村民进行清理，并用自家的农用车将垃圾运送到垃圾处理站。他还向村民们宣传环保知识，引导他们养成文明的生活习惯。为了更好地开展宣传工作，姚明昌还自己动手制作了宣传标语，并张贴在村口的显眼位置。他还编写了顺口溜，让村民们更容易记住禁渔知识。

虽然当时缺乏法律支撑，但姚明昌凭借坚定的信念和村民的支持，有

效地制止了捕鱼行为，保护了农田和农作物。这份付出也得到了家人的理解和支持，更让他体会到了守护家园的责任感和使命感。他坚信，只要大家齐心协力，就一定能够保护好鱼洞河，让子孙后代生活在鱼洞河美好的环境中。

二、加入保护区管护队，巡护护鱼科研样样精通

2012 年，姚明昌得知鱼洞河要纳入长江上游珍稀濒危鱼类国家保护区范围，同时保护区管理机构因为编制有限，需要招聘编制外的辅助巡护人员。他毫不犹豫地报名参加了招聘考试，并凭借出色的表现顺利通过了笔试和面试。2013 年，他正式成为长江上游珍稀特有鱼类国家级自然保护区管理局的一名编外的巡护员。

加入保护区管护队后，姚明昌的职责更加明确，协助做好保护区的管理、保护、巡护和宣传以及协助科研采样等辅助工作。由于保护区人手有限，他的任务也更加艰巨。风里雨里、寒暑往来总是看到他巡护鱼洞河、保护岸边野生植物、处理养殖场排污、配合科研人员进行采样工作的身影。为了更好地监测鱼类的生存状况，他还会配合科研人员进行采样工作，有些水上的工作，科研人员做不了的，姚明昌都做得很好，驾船放网他都十分在行，为科研人员采样帮了很大的忙。中国科学院水生生物研究所的刘博士也对姚明昌的工作给予了高度评价："姚明昌不仅是一名优秀的巡护员，还是一名优秀的科研助手。他积极配合我们的采样工作，并提供了很多有价值的线索。"

姚明昌对鱼洞河的每一寸土地都了如指掌。他知道哪里有鱼类的产卵地，哪里有珍贵的水生植物，哪里是非法捕捞的重点区域。他就像鱼洞河的守护神，用自己的行动守护着这片土地。

为了更好地完成工作任务，他认真学习相关专业知识，不断提升自己的业务能力。巡护工作需要姚明昌每天沿着鱼洞河步行数十千米，一年365 天风雨无阻。他仔细观察河岸两侧的生态环境，记录下每一处异常情况。他随身带着一个大蛇皮袋子，扛着长竹竿的捞子，看到河道有垃圾，总是想办法处理干净，有的时候垃圾比较多的就请求附近的村民们一起帮忙，维护河道的清洁卫生。附近的村民也都愿意和姚明昌一起干活，这么

多年下来，大家都知道他是一个身体力行保护环境的人，大家也都在学习他保护环境的良好习惯，也都很佩服他能坚持做下来。像清理垃圾这种事情，姚明昌一喊，大家也都主动带着工具而来，很快就把垃圾清理干净了。

在巡护过程中，姚明昌也遇到了不少困难。有时也会遇到不理解的村民，说他是个"傻子"，又挣不了什么钱还这么"轴"，一根筋保护环境。有时候他还会被捕鱼人威胁，被姚明昌抓到的偷捕人从看守所放出来之后扬言要报复姚明昌，姚明昌主动找到这个人，和他聊了很多次，最终这个人不偷捕了，遇到别人偷捕还会向姚明昌举报。他始终坚守着自己的信念，用耐心和真诚去感化他们，最终赢得了他们的支持和理解。

姚明昌的同事说："姚明昌是个别人眼里的怪人，村民嘴里的好人，鱼洞河上不可缺失的人，我们每一个保护区工作人员都要向他学习的人。说到做到，不怕困难，寒来暑往，坚持不懈，因为热爱，转化成无尽的动力和源源不断的激情，子孙后代都应该感谢他。"

7年的时间里，姚明昌始终以优异的成绩完成工作任务，为保护赤水河的生态环境贡献着自己的力量。他的工作也得到了上级部门的认可和肯定，多次被评为优秀管护人员。

三、响应长江禁捕令，全面保护水生生物多样性

2020年，长江流域开启十年禁渔，这是保护长江生态环境的重要举措。姚明昌等人的巡护工作也得到了政策的大力支持。在新的历史时期，姚明昌已经在环保上摸索了很多经验，他知道现在的这些好的政策可以从源头上来解决问题了。

姚明昌与村支书商议，希望能从根本上保护鱼洞河，建议把以前的村民自发清理河道垃圾的行为转化成制度，结合村里的公益性岗位和低保等政策，组织这些人每户出一人再加上热心的志愿者组成鱼洞河水面垃圾清理队，每个月定期开展清理工作，效果很明显。公益性岗位和低保户也感

觉自己要为村里出力了，以前也想做点什么自己力所能及的事总是找不到，现在终于找到了，每次清理河道垃圾他们都冲在最前面。

姚明昌知道禁捕政策是个好政策，但是万事开头难，他就在想办法：怎么能让这个好政策能在村级社会中落地执行，怎么能得到大家的认可。姚明昌和村干部还有保护区的工作人员，对于本村以前因为捕鱼被处罚的人挨个排查，宣传禁捕政策，耐心讲解，动之以情晓之以理，特别是强调在国家级保护区捕鱼以后会受到的处罚，不再是没收渔具罚款这么简单了，会被判刑坐牢。大家把所有的捕鱼工具都自觉地上交了。姚明昌还每天坚持开着自己改装的宣传车，在村里宣传禁捕政策，为禁捕开了个好头，也为鱼洞村在禁捕以后没有人非法捕鱼奠定了基础。2021 年 6 月 1 日，姚明昌等人在鱼洞学校成立科普教育基地，动员学生回去告知家里人禁捕政策的相关知识，开展村民大会、村民组会议进行宣传，让全村村民都知晓长江十年禁渔知识，共同参与大保护，携手共进，保护好鱼洞河，确保一江春水流出果珠，吸引外来游客。

经过这几年的工作，赤水河段保护有了显著的成绩，得到了上级各部门的支持，在鱼洞河段安装视频监控系统（有定点监控 13 个，云台球机监控 4 个），建立生态观测点一个。利用先进的视频监控系统可以远程看到鱼洞河里和河边的一切，即使是晚上也可以看得很清楚，大大提高了巡护的效率。

在姚明昌等人的不断努力下，鱼洞河的面貌焕然一新，从曾经的垃圾河、污水河、无鱼河，变成了如今的清水河、鱼儿成群河、美丽河。鱼洞河的水质明显改善，鱼类的种类和数量也不断增加。村民们也意识到了保护环境的重要性，积极参与到生态保护行动中来。

姚明昌的护河行动得到了社会各界的关注和认可，多家媒体对其进行报道。他的故事，激励着更多的人加入生态环境保护行动中来，共同守护我们的

美丽家园。

姚明昌深知护河工作任重道远，但他始终坚守着自己的信念，立志做一生的护河人。他用自己的实际行动诠释着责任与担当，为子孙后代留下绿水青山。

第二部分
大爱无疆，助力生态保护

杨云凯（上海）：守江标兵寻豚迹，护鱼卫士觅鲟踪

杨云凯，1996 年出生，现在是上海市水生野生动植物保护研究中心（以下简称水野中心）"鲟踪豚迹"巡护队的协助巡护员。作为曾经的武警战士，退役后因为对长江的热爱加入协助巡护队，开始书写保护江豚、中华鲟等国宝的故事。

一、退伍不褪色，勇担重任守护长江

在转业为协助巡护员之前，杨云凯曾是一名武警战士，他具备高度的思想觉悟与吃苦耐劳的优良品质，在工作中始终服从命令、听从指挥，积极向先进典型看齐。退役后他重返故里，面临职业转型的十字路口。自幼在长江之畔长大，他的童年几乎是与长江生态环境恶化的历程并行，而他的父亲身为渔民，更因过度捕捞导致的资源衰退不得不另谋生计。这些经历，在杨云凯心中悄然播下了保护水生生物资源的种子。

一次偶然的机会，他经人介绍了解到有水生野生动植物保护研究中心在招全职协助巡护员的信息。后来镇政府组织退役军人去水野中心参观，这使杨云凯更加了解了巡护员的责任，也让他理解到巡护工作对长江水生态的重要意义。最终，杨云凯坚定地选择投身到这份工作中，加入了"鲟踪豚迹"巡护队，用自己的力量守护这片水域，为改善长江生态贡献

力量。

　　加入巡护队以后，杨云凯主要参与刀鲚种质资源保护区的巡护工作以及中华鲟的救护任务。他对待工作极其认真负责，责任心强，能够熟练操作 WTW 水质分析仪、风速仪、流速仪、气压表、浊度仪、干湿湿度计等多种专业设备，同时通过自学掌握无人机操作技术，并熟练运用"今日水印相机 APP"和"协助巡护管家"等数字化工具，可以使用以上工具熟练的测量和记录。因此，在中华鲟监测巡护、长江江豚巡护、日本鳗鲡专项监测、凤鲚汛期专项监测等多项重要工作中都有杨云凯的身影。一年多来，他随监测船在长江口周边水域累计巡护里程超过 1.2 万千米，平均每月有 15 天时间在水上度过。无论是凌晨出发深夜归航，还是连续一周无法踏足陆地，他都毫无怨言。2023 年，杨云凯的女儿出生的当天，杨云凯还在船上坚守在巡护工作中，他没有赶上女儿出生的那一刻，虽然颇为遗憾和愧疚，但他也始终任劳任怨、无怨无悔。

　　谈及巡护经历，杨云凯感慨道："参加巡护工作后，见证了长江十年禁渔的效果，长江中的鱼种类多了，监测到的数量也多了，禁捕前几乎在长江中销声匿迹的长江江豚等珍稀濒危水生生物出现的次数更是多了，看到这些可喜成果，作为长江口的一名巡护员感到十分骄傲和自豪。"这份职业，对他而言，是荣誉的徽章，更是心灵的灯塔，照亮了他退役后一度迷茫的航道，引领他驶向生态保护的广阔前方。

二、精准与耐心，科技助力江豚监测

"鲟踪豚迹"巡护队的名字很特殊，队内巡护员的任务侧重点也各不相同，而杨云凯的日常工作主要是对长江水域中可能出现的水生生物进行监测，重点是江豚、中华鲟两种国宝。在长江水生生物资源监测的岗位上，杨云凯和水野中心的工作人员充分配合，利用无人机、船只等现代监测工具监测水域中可能会出现的水生生物。监测江豚不仅要熟练操作多种机器，还要有着非同寻常的耐心。"监测江豚要有明亮的眼睛，不能错过每分每秒。"杨云凯说。江豚的踪迹转瞬即逝，在十几小时的监测时间里，杨云凯要保持高度集中的注意力，等待并捕捉到江豚出现的那一两秒。

2023 年 5 月 1 日，杨云凯刚加入巡护队没多久，正值假期，大家准备回家过节，但突然接到通知，离单位不远处搁浅了一头江豚幼崽。他和同事连忙放下行李，急急忙忙赶去现场救助江豚幼崽。江岸礁石锋利，许多下去救助江豚的同事受伤流血。江豚幼崽娇嫩脆弱，巡护队员们更加小心翼翼地救助。5 月长江水仍然寒冷刺骨，巡护队员们站在齐腰深的江水里，就这样将江豚幼崽成功救助。那是杨云凯在工作中第一次见到活的江豚，也让杨云凯更加深刻地认识到他工作的意义。

杨云凯等巡护的水域主要在长江口，这里生活着东亚江豚和长江江豚，在监测工作中光依靠无人机辅助监测工作已经不能完全满足杨云凯的日常监测工作需要。在工作中，杨云凯积极学习更为先进与多元的手段，如水下声学记录仪，以强化监测工作的深度与广度。这种技术能够穿透水面，捕捉到江豚等水下生物活动的声呐信号，为科研人员提供了宝贵的水下生态信息，极大地增强了对江豚种群数量、分布范围及行为习性的了解。

然而，监测工作并非一帆风顺，而是充满了艰辛与挑战。无论是烈日炎炎的夏日，还是寒风凛冽的冬日，杨云凯和他的队友们都需要坚守在岗位上，用双眼捕捉江豚的身影，用双手记录数据的变化。有时，巡护队员们会在船上待上三四天甚至一周，面对孤独与疲惫的双重考验，也只为了江面那一抹灵动的身影。2024 年的夏天，高温席卷了每一寸土地，长江边也不例外。2024 年 6 月 12—16 日，杨云凯和其他两名同事在炎热的野外坚守了 3 天，无人机飞了 12 小时，疲惫和炎热笼罩了全身。但是这段时间里，他们拍摄到长江江豚 17 头次，其中还观察到 2 头伴游幼豚，这温馨的一幕幕让杨云凯感到十分欣慰，他说："保护水生生物资源是我们的责任，也是我们的使命。只有真正热爱这份工作，才能坚持下去。"正是这份热爱与责任，让他在面对挑战时更加坚定与勇敢。

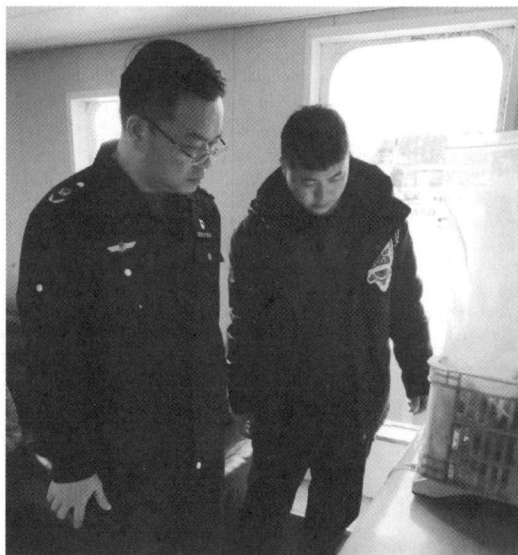

三、坚韧与毅力，齐心协力护卫中华鲟

在长江的浩渺烟波中，杨云凯以无人机为翼，以热爱为舵，穿梭于碧波之间，守护着这片水域的生灵与未来。在一次渔业资源监测中，监测到一条中华鲟，那是杨云凯第一次看到野生中华鲟，这让他为之触动。那仅仅在父辈口中提起过的物种出现在了他的眼前，父辈的记忆在他这一代又能传承下去。他相信，只要大家共同努力，就一定能够守护好这些珍贵的生物资源，让它们在长江中自由翱翔、生生不息。

在 2024 年 3 月初，从长江宜昌水域放流了一批人工养殖的中华鲟幼苗，它们将沿江而下到达长江口，然后进入东海长大。杨云凯等巡护员协助水野中心开展中华鲟增殖放流效果监测工作，这不仅是对杨云凯和巡护队耐力与智慧的双重考验，更是对于长江流域放流中华鲟的效果评估中的关键部分。面对汹涌的长江和复杂多变的生态环境，杨云凯和队友们展现出非凡的坚韧与毅力，经过精心规划和调配，巡护员连续值班 3 天然后休息 1 天，不仅确保了监测工作的连续性和高效性，更是对巡护队员们体力与意志力的极限挑战。他们连续 2 个月坚持在跟踪监测工作一线，在 5 月共监测到中华鲟幼鱼 4 尾。通过专业人员的分析，初步判断这四尾中华鲟均为 3 月初在宜昌放流的中华鲟幼苗。这标志着放流的中华鲟幼苗已经成功游到了长江口，他们接着将进入大海进行新的生活。后续杨云凯等一直在坚持监测，又陆续监测到很多中华鲟的幼鱼游过。这些成功游到长江口的中华鲟幼鱼，让大家看到了中华鲟人工增殖放流的效果，也让杨云凯等对于自身工作的意义有了更加深入的认识。

　　未来，杨云凯将更加坚定地投身于长江十年禁渔的伟大征程，他希望通过自己及巡护员们的不懈奋斗，为恢复长江生态贡献力量，让这条中华民族的母亲河再度焕发生机，让未来的子孙后代能够亲眼见证、亲身感受那份澄澈与生机。这不仅是一场生态的修复过程，更是对人类与自然和谐共生美好愿景的深情呼唤与坚定实践。

周啟民（江苏）：尽职守责秦淮畔，水清岸绿鱼欢跳

周啟民，1970 年生，目前是江苏省南京市江宁区渔政协助巡护队队长、南京江豚水生生物保护协会监测员。他自幼与长江为伴，见证了捕捞工作的艰辛与不易，心中始终怀揣着为长江做些实事的愿望。2017 年，他从"退休"渔民转职成了长江江豚的"守护者"，用行动诠释着对母亲河的深情厚谊，为长江生态保护做出了巨大贡献。

一、生死较量：凌晨出击，智斗非法捕捞者

凌晨 4 点，长江江宁段铜井河口下游，月黑风高。周啟民和巡护队员们正在执行日常巡护任务，突然岸边一丝异常的波动引起了他们的注意。透过夜色，他们发现两名违法捕捞嫌疑人正在使用电捕工具进行非法电鱼。周啟民毫不犹豫，立即带领队员们悄悄靠近，准备将违法嫌疑人当场抓获。然而，嫌疑人似乎有所察觉，开始四处张望。周啟民屏住呼吸，冷静地指挥队员们形成包围圈，逐步缩小包围范围。就在即将成功的一刻，嫌疑人突然转身逃跑。周啟民和队员们迅速追击，在岸边的一片灌木丛中将两位嫌疑人抓住。嫌疑人试图反抗，但周啟民毫不畏惧，用坚定的眼神和有力的言语震慑住他们。周啟民立即向江宁区渔政大队汇报，请求支援。

在等待渔政人员赶往现场的过程中，两名嫌疑人先是和周启民套近乎，说是认识谁，和谁是好朋友，希望看在谁的面子上把自己放了。周启民只是默默地看着他们，并没有答话。不多时，两名嫌疑人的家人赶到了，见刚才拉关系这招没用，他的家人把周启民拉到一边，拿出一大沓钱硬塞到周启民的手里，边塞钱边悄悄地说："也没别人看到，希望周队长能放两人一马。"周启民眼看着厚厚的一沓人民币，估摸着至少有一万多，丝毫不为所动，严厉地低声呵斥道：电捕鱼已经是违法了，再行贿就是罪上加罪了。两名嫌疑人和家人见周启民不为金钱所动，随即又变换了方式，开始威胁起周启民，说是让他和他的家人小心，他们总是有落单的时候，让他走路小心。周启民心想邪不压正，要是被这几句话吓到，自己还做什么巡护员。很快渔政工作人员和公安一起赶到，最终这伙人受到了应有的惩罚。

这次惊心动魄的执法行动，也只是巡护工作中经常发生的事情，让周启民深刻体会到保护长江生态环境的重要性。他深知，与非法捕捞者的斗争是一场持久战，需要付出更多的努力和智慧。

二、日常工作：72 小时坚守，守护长江精灵

除了协助渔政部门打击非法捕捞，周启民还带领协助巡护队员们进行日常巡护工作，监测江豚的活动情况，记录下每一处异常情况。巡护禁渔水域，观测记录江豚活动情况，巡查非法捕捞、违规垂钓等，这些都是南京江宁江豚救护巡护队每天工作的职责。巡护队现有队员 21 人，分 4 组

分别驻守在江宁区长江、秦淮河禁渔水域，经主管局批准周启民为巡护队队长兼第一组组长。白天巡江，夜间监控巡堤，24小时在岗待命。当班的一般是连续3天，也就是72小时，持续在岗监测。

周启民对长江江宁段的每一寸土地都了如指掌。他知道哪里是江豚的觅食地，哪里是它们的栖息地，哪里是非法捕捞的重点区域。他就像长江江宁段的守护神，用自己的行动守护着这片土地和其中的精灵。只要天气合适，周启民和队员们就会发船巡护。"夏天的早晨和傍晚气温比较舒适，江豚不时会出来觅食或者嬉戏，正午时比较少，它们也怕太阳晒呢。"8月14日一早，周启民带着队员夏仕龙、陈闻和随行记者到江上巡护并执行拍摄任务，船行到子汇洲附近，周启民一眼看到前方百米外的江面上，有两头江豚出现，周启民控制船速向它们靠近，夏仕龙、陈闻则到船头的甲板上，准备拍摄记录。像是和人类捉迷藏，随着船只靠近，两头江豚却飞速游走。"这怎么来得及拍啊？"看到记者懊恼的样子，两名队员传授经验：可以顺着江豚前进的轨迹，推断它们下一次跃出水面的点位，提前架好相机，等着它们出现在取景框里。

江上的波浪在阳光下反着光，和水草一道起起伏伏。"时间久了，经验多了，一眼就能看出来是不是江豚。"周启民说，观测到江豚后，要记录下它们出现的点位、数量、游动方向、行为等。在一张8月12日的观测记录表上写着，当天早上8点20分左右，巡护队在子母洲观测到了江豚，一直到上午9点38分，估计总共有8头江豚，其中成体有6头、幼体2头，还拍摄记录到了它们的捕食过程。

11点左右，巡护船返回岸上。这一趟，观测到江豚2次，每次2头。根据周启民判断，它们来自两个不同的家族，目前至少有3个江豚家族在

这片水域生活。"多的时候一天能观测到十几头到二十头。秋天会看到小江豚跟着江豚妈妈出来活动。"上岸时，周啟民三人的脸已经晒红，背上也已经被汗湿透。

三、退捕上岸：多方宣传，为长江生态保护贡献力量

2020 年 1 月 1 日，国家实施长江十年禁渔政策，周啟民积极响应号召，放下了渔网，退捕上岸。他深知，保护长江生态环境是功在当代、利在千秋的大事，而禁渔是保护长江生态的重要举措。

作为巡护队长，周啟民带领队员们积极开展禁渔巡护工作，宣传禁渔政策，组织队员清理长江岸线遗留废弃网具和垃圾，并协助执法部门排查可疑捕鱼人员，收缴捕鱼工具。他们用自己的行动，为长江的生态保护做出了新的贡献。在巡护的过程中，巡护队也要注意过往的船只、岸上的人类活动有没有违法违规的情况，如排污、非法捕捞、违规垂钓等，一旦发现要及时阻止。既要保护江豚，也要保护江豚赖以生存的家园。

在巡护过程中，周啟民也遇到过不少困难。有时会遇到不理解的村民，甚至会被捕鱼人威胁。但他始终坚守着自己的信念，用耐心和真诚去感化他们，最终赢得了他们的支持和理解。除了日常的巡护工作，周啟民还主动带领巡护队员学习渔业法律知识，讨论工作中遇到的问题，交流在巡护过程中一些好的方式。他希望通过学习和交流，不断提升巡护队员的业务能力和执法水平，更好地保护长江生态环境。

近年来，随着长江水域环境的改善，江边游玩的游客越来越多，江中的鱼儿和江豚数量也在稳步增加。周啟民记得小时候江豚的繁盛，但随着时间的流逝，江豚的数量曾一度减少。然而，随着长江大保护和十年禁渔政策的实施，江豚的身影再次频繁出现在江面上，这让他感到无比欣慰。

巡护队的努力也得到了认可。在 2023 年，他们被评为"2022 年度长江流域渔政协助巡护优秀队伍"。这份荣誉是对周啟民和所有巡护队员辛勤工作的最高肯定，也是对他们未来工作的鼓舞和激励。

周啟民表示，长江禁渔是"为全局计，为子孙谋"的重大国家战略，是长江母亲河恢复生物多样性的重要举措。他将继续带领巡护队迎难而上，加强日常巡护巡查，丰富宣传教育活动，让更多的人了解长江大保

护，了解十年禁渔，为保护这条母亲河贡献自己的力量。

周啟民希望，长江的水质越来越好，江豚的数量越来越多，长江的生态环境越来越美。他更希望，下一代在长大后，依旧能看到江豚觅食嬉戏的画面，能看到长江水清岸绿的美景。

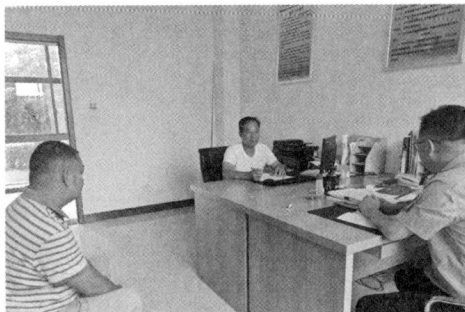

张明浩（安徽）：一生追寻儿时梦，长江女神今何在？

张明浩，1969 年生，现为安徽省铜陵市郊区长江豚保护协会会长，也是铜陵市郊区长江禁捕协助巡护队的协助巡护员。年少时，父母支援"大三线"建设，举家搬到安徽；青年时，在安徽铜陵白鱀豚养护场的工作经历，让他对白鱀豚终生难忘；长江大保护的春风吹起时，他和志同道合的朋友一起成立长江豚保护协会，放下家中的生意开始追寻白鱀女神的身影；护鱼护豚路上，创办"大通渔民驿站"传承当地特有渔文化，发起建立"铜陵公益放流站"倡导科学放生，恢复长江濒危鱼类，防止外来物种入侵。他希望有一天在长江中再现白鱀豚长江女神的"声影"（声音或者影像）。

一、年少经历，终其一生来守护

说到张明浩年少时候的经历，那可谓十分传奇。他祖上是南京人，从小在天津长大，后来父母为了支援"大三线"建设，举家搬到了安徽大别山，从此就在安徽生活学习。据张明浩自己说，他从小就是孩子王，十分调皮捣蛋，而且足球踢得十分好，差一点就选上了省队去走专业足球的路线。

张明浩年轻时候的经历也很传奇，他在当时还叫铜陵白鱀豚养护场

（现为铜陵淡水豚国家级自然保护区管理局）工作。为了进行白鱀豚的迁地保护，要在长江里面捕捞白鱀豚放到养护场里面去，张明浩就和白鱀豚养护场的工作人员一起经常驾着小渔船在长江上工作。就在这个时候，他多次在长江上看到了白鱀豚那美丽的身姿，长江女神那优美的出水动作，在他年少时的心目中留下了深刻的印象。后来他离开了铜陵白鱀豚养护场，到南京从事河鲀的养殖工作，他还独创了用镜子来帮助河鲀繁殖的特殊方法，解决了河鲀养殖中很大的一个难题。再后来他结婚生女在铜陵安家，从事水族生意。要说到怎样搭建水族系统，怎样养水怎样养鱼，特别是怎样养观赏鱼，张明浩可以说得头头是道。

2017 年，张明浩在铜陵街上偶遇了原来在铜陵白鱀豚养护场一起工作的章贤，两人好多年没见面，但是一见面却倍感亲切，聊了很多当年的往事。当说起长江，两个人话都多了起来，白鱀豚已经"功能性灭绝"了，长江江豚的数量也是越来越少，长江已经到了"无鱼"的等级，曾经养育我们的长江正在遭受着苦难，国家已经开始了长江大保护行动。两人一起商量着应该做点什么事，为长江，也为自己，为自己年轻时候的梦。

二、成立协会，志同道合去守护

2018 年，在长江生态保护基金会"留住长江的微笑"公益项目（腾讯基金会支持）的资金资助下，很多县市区成立了江豚保护协会，开展保护江豚的公益行动。张明浩也想在铜陵市成立江豚保护协会，多方联系和多方协调，要成立一个新的公益组织也不是那么容易，协会的性质是会员制，至少要有 50 个会员。张明浩又找到了章贤、郑邦友这些老朋友，又

张明浩（安徽）：一生追寻儿时梦，长江女神今何在？

联合了一些志同道合的人，终于凑齐了 50 个会员，在民政局和主管部门跑注册手续时又经历不少波折，最后在铜陵市郊区农业农村局的大力支持下，协会终于成立了起来。协会注册的起始资金 6 万元由长江生态保护基金会提供 3 万元公益资金支持，张明浩个人捐赠 3 万元。按照长江沿线各地的习惯，协会的注册名称应该叫"铜陵市郊区江豚保护协会"，但是张明浩心里还是念念不忘白鱀豚，他始终坚信白鱀豚还生活在长江的某一个我们未知的角落，于是他发明了一个词叫"长江豚"，协会的名字就叫"铜陵市郊区长江豚保护协会"，这导致后来很多人都误解"长江豚"三个字是"长江江豚"的简称或者少了一个字。经过张明浩的解释以后，大家不禁都竖起来大拇指。

协会成立后，张明浩就忙了起来，家里的水族生意基本上就不过问了，生意上的事都落到了他妻子一个人身上，一个人要照看两家水族店，确实忙不过来，但是说去长江上考察，张明浩放下手里的事，开上车就跑。妻子一开始还抱怨几句，后来都习惯了，想想他也是去做好事，就不再多说什么，自己累点没什么。她心里也知道，自己要把店铺好好经营下去，因为丈夫去做的这个事是贴钱的，这几年张明浩从家里拿了不少钱都花到了找白鱀豚和保护江豚上。自己把水族店做好管好，多挣钱，丈夫去找白鱀豚才能有坚强的后盾。

2018 年 4 月 18 日，在一次长江上的考察行动中，生态摄影师焦少文用长焦照相机拍下了一张照片，因为离得较远，放大了以后看，貌似可以看到白鱀豚细长的吻部和隆起的额隆。张明浩等人赶紧带上照片赶往武汉找专家鉴定。因为照片拍摄时比较远，放大以后有点模糊，加上被拍摄的这个动物还有一半的身体在水里（特别是尾部还在水里），很多专家都觉得可能是白鱀豚，但是谁都没法证明就一定是，需要拍摄到更加清晰的照片。就是这张疑似白鱀豚的照片，被带到了稍后召开的一个鲸类保护的国际会议上，中国科学家分享了这张照片并成功说服了国际上的鲸类保护专家宣布白鱀豚由"功能性灭绝"到"灭绝"。

要找到确切的证据证明白鱀豚在野外还存在。从此，张明浩踏上了新的寻豚之路，这一次不在长江上，而是在长江边的渔村和货船上。他和章贤、郑邦友等人，走访了长江安徽段边上几乎所有的渔村，拿着白鱀豚的照片，到处去找老渔民，到处问有没有这几年在哪里看到过。

2023 年，长江生态保护基金会在长江安徽段开展长江江豚同步考察行动，张明浩是参加的最积极的一个。他和生态摄影师马建军沿江跑了很多天，拍下了大量的江豚活动的视频，这是以前从未有过的视角和记录，让江豚可爱调皮的动作和身姿更好地展现在公众面前，让大家更喜欢江豚，进而更加积极参加保护江豚的行动。

在长江生态保护基金会的支持下，还在铜陵江段，江豚种群数量最多的江段，架设了一个高空监控云台探头。据说有人近几年在那里看到过白鱀豚。"一定要拍下清楚的照片"，张明浩、章贤、郑邦友等人在心里默默地发誓。张明浩说自己每次看监控精神都高度集中，他时刻都准备着，下一秒白鱀豚那美丽的身姿就出现在监控的画面了，他模拟了很多次，一旦发现以后怎样拉近监控镜头，怎样快速地拍下视频或者照片。

三、护鱼护豚，社会各界共守护

铜陵市郊区长江禁捕协助巡护队于 2020 年 12 月组建完成，现有 21 名专职巡护员。自成立以来，有效协助渔业行政主管部门开展执法巡查、保护巡护、法规宣传等工作，在长江禁捕工作中充分发挥了前沿"探头"作用，助力打通长江禁捕"最后一公里"。巡护队成立以来已连续两届获评农业农村部长江流域渔政监督管理办公室授予的"长江流域渔政协助巡护优秀队"荣誉称号，吴传幸等四名巡护员先后荣获"优秀长江协助巡护员"和"最美长江协助巡护员"称号。

自巡护队成立以后，张明浩就经常和巡护队员们在一起，巡护员外出巡查时张明浩都积极参加。就这样，张明浩以志愿者的身份和巡护队在一起工作了两年多。协助抓捕非法捕捞时，他总是跑在最前面，用他自己的话说："别看我 50 多岁了，小伙子跑不过我"。他还经常参加全国各地的马拉松长跑活动。2023年，张明浩把家里的两家水族店卖掉了一家，因为自己正式加入巡护队，妻子一个人照看两家店确实也太辛苦。看着他说得轻松，其实后来才知道他卖掉的这个水族店生意很火爆，他是亏了很多钱卖掉的，反而在两家店中留下了生意不是很忙的一家，把生意火爆赚钱多的这家店给贱卖了。听他说这事像是说别人的事，亏了几十万元好像是发生在别人身上；再说起白鱀豚时，说起江豚时、说起鱼的时，又声如洪钟，富有激情。

正式加入巡护队以后，张明浩干得更加起劲了，经常半夜和队友们还在长江边巡护，不仅在看有没有非法捕捞，他们也在敏锐观察着其他的事情。2024年8月的一晚，张明浩和队友们巡护到一处江堤上时，看到一辆电瓶车孤零零停在大堤上，总感觉有点不对劲。这个点了这个地方应该不会有人在了呀，会不会是有人在钓鱼，钓鱼的人也不会把电动车这么随意地停在路中间呀。他们悄悄地来到河边，发现有个人影竟然往河里走，不对，有人要跳河，两名队员赶紧绕到旁边去，防止这人再往河里走，张明浩上前去和这人聊起来，原来是位女士，因为诸多不顺的生活琐事和家人吵架之后想到了轻生。张明浩和队员们和她聊了很久、劝了很久，这名女子终于想开了，自己走上了岸。她家就在附近，队员们看着她骑着电动车往村子的方向去，在确保她是回家了以后才放心地离开。

长江大保护要做的事情不仅仅是打击非法捕捞，也要发动社会公众参与进来。铜陵大通古镇有着千年的文化，在水运交通的时代是个重要的码头和货物集散地，当然也有着灿烂的多元的渔文化。渔民退捕上岸以后，张明浩在长江生态保护基金会公益资金的支持下，建立了大通渔民驿站，把古老的捕鱼方式的工具、船只、图片等收集起来，展示给来大通旅游的人们。还在长江生态保护基金会和阿里巴巴公益资金的支持下，建立了大通公益放流站，引导社会公众开展科学放生，在渔民主管部门的指导下来通过放生长江珍稀鱼类以恢复它们在长江中的种群数量，同时通过宣传引导防止发生外来物种入侵，多元化保护长江。

如今的张明浩日子过得更加充实，比自己经营水族店更忙了，他始终盼望着那一天，在长江中与白鱀豚再次邂逅的那一天。我们也希望这一天早点到来。

钱明胜（安徽）：从渔民到巡护员，守护江豚梦不变

钱明胜，1965 年出生，现在是安徽省安庆市迎江区的一名渔政协助巡护员。钱明胜从年轻捕鱼时就与江豚结下了不解之缘，直到后来从事协助巡护工作，一直通过自己的实际行动保护着江豚，默默付出，不求回报。

一、年轻时捕鱼，江豚就围绕在我的船边上

钱明胜出生在渔船上，祖上都是渔民，在长江里捕鱼为生。钱明胜记得第一次在长江中看到江豚的时候年龄还很小，家里捕鱼的船也很小，远远看到一条黑黑的"大鱼"在水里畅快地游着，还看不清楚这个黑家伙长得什么样，只感觉黑黑的还很肥，大人们说那是"江猪子"。当小孩子哭闹的时候，家里大人就吓唬小孩说，不许再哭了，再哭把"江猪子"引来，把我们的船拱翻了，大家都要被淹死，于是小孩子立马停止了哭泣。所以，在钱明胜的童年中，觉得江豚还是很令人害怕，也很神秘的，不知道它到底长什么样子，只知道看到了尽量躲远一点，特别是在捕鱼的时候，有江豚出现，很多渔民就换个地方捕鱼，即使原来那个地方鱼很多。

钱明胜也没上过几年学，同龄人都在上初中的时候，钱明胜已经早早辍学了，不是不想去上学，实在是住在船上不方便。他是家中的次子，父

亲年纪大了，捕鱼需要他帮忙，弟弟妹妹们还小。所以，钱明胜十几岁已经是一位经验丰富的捕鱼能手了。在一次捕鱼的时候，钱明胜终于看清楚了"江猪子"的脸，他在上学的时候听老师介绍"江猪子"的学名叫江豚。江豚的脸还是微笑的，看起来很可爱，呆呆萌萌的，并不像小时候传说中那样可怕。有一次江豚就围绕在钱明胜的船旁边，钱明胜在整理打上来的渔获，把一些小鱼又放回江里。他扔下一条小鱼到江里，只见江豚很快地把鱼叼走了，至此钱明胜明白了原来江豚是喜欢吃小鱼的。从此，每天天微微亮，钱明胜打鱼归来，在整理渔获时，一群江豚就在他的小船周边转悠，钱明胜把小鱼丢下去，江豚总是能精准在水里接到然后一口吞下，露出脑袋看看他，再游到远处再回来。这是多么美好的一幅画面。

美好没有持续几年，很快被打破。渔民中有一些人从沿海学来了"先进的捕鱼技术"，也带来了"先进的捕鱼工具"——电鱼器。电鱼器确实捕鱼效率高，一两小时就能捕满小船一船舱的鱼，所到之处大小鱼无一幸免。被电鱼器电过的水域，以后很长时间再用常规的网具都捕不到鱼，很长时间那片水域也没有江豚出现。

电鱼的人越来越多，鱼越来越少；不用电鱼等极端方式，用网具等常规方式已经捕不到鱼。钱明胜仍然坚持用祖上传下来的网具捕鱼，起得比以前更早了，到更远的地方去捕鱼，但是一天也捕不到几条鱼，有时候卖鱼的钱甚至还不够船只柴油机烧油的钱。这些小事钱明胜都不是很在意了，他在开船找江豚，以前成群结队到处可见的江豚去哪里了？如今只有在破罡闸附近还能看到零星的几头，听到船只的发动机，都躲得远远的了。

二、告别捕鱼成为保护江豚的护豚员

就这样，钱明胜一直过着入不敷出的捕鱼生活，坚持开船带着他的网具去捕鱼，坚决不用电鱼机捕鱼，别人都笑话他说他"假清高"、说他有点傻，看着他开船出去一整天回来几乎又是空网都更加嘲笑他。钱明胜也不在意这些，但是他的内心着急，明显感觉到长江里的鱼快要被打光了。钱明胜每次开船出去下网的次数也不多，大多数时间他在找江豚，以前经常可见的那些小家伙们，每次只能偶尔远远地见到几头。渔民中也经常传出江豚的死讯。钱明胜默默地记录着这些消息，但是他还是不忍心去看这些江豚，想起它们是多么可爱，结果却变成这样，他心里受不了，常常几天吃不下饭。

"不能这样了，要改变！"钱明胜心里总是惦记着长江，总是想着开船再去长江上看看。有时候干完一天活晚上睡觉做梦都是划船在长江上，看到了大鱼小鱼跳起来和他打招呼，江豚也在远处看着他和他挥手，但是他始终没听清楚江豚们说什么，不知道这挥手是打招呼还是和他告别。这一场一场的梦下来，钱明胜更加着急了，他心里总想着去做点什么事，但是也不知道到底去做什么。

2017年，长江生态保护基金会在农业农村部长江流域渔政监督管理办公室的指导下，在腾讯公益等的支持下，探索把"捕鱼人"转型成为"护鱼护豚员"，探索协助巡护制度。长江（安庆）江段就是试点区域，具体的协助巡护队伍的组建和试点工作由安徽省长江环保协会来牵头实施。钱明胜看到安庆市渔业渔政局贴出的公告，心里想着这正是他一直想做的事情。因为他不太善言辞，言语有点木讷，第一批录用人数少只选了6人，他没有选上。虽然没有选上，但是钱明胜一直在巡护队中帮忙以志愿者的身份参与，后来巡护队伍增加人员，钱明胜终于成为协助巡护安庆示范点的一名协助巡护员。

2018年，长江还没有实施禁渔，那时候江里搞非法捕捞的船只还有不少，特别是搞电捕鱼的船只升级了电鱼机的电压，可以说电过的水域鱼类不死也残废，甚至连水草都生存不下去。钱明胜和安徽省长江环保协会的胡师斌会长商量怎样拍下确凿的证据，请求渔政部门和公安部门将电鱼团伙一网打尽。巡护队有一条快艇，接到群众举报有人电鱼之后，快艇快速出动到达群众举报的水域，但是每次即使再快电鱼船总能逃跑，次数多了以后得知是电鱼团伙有人在盯梢巡护船，只要船一开动就有人给电鱼船通风报信。

钱明胜和胡师斌总结说巡护船停在渔政码头目标太明显已经被盯梢。可以悄悄联系几艘马力大、体型也大的渔船，提前停靠到电鱼船经常出现的水域，在湾子里藏好，然后巡护员在附近蹲守，摸清楚电鱼船出动的路线，再设计抓捕路线。钱明胜和几名巡护员在长江边蹲守着，从夜晚11

点多一直到天微微亮，盛夏的江边蚊虫很多，大家还不敢出声怕暴露自己。经过两周多的蹲守，终于弄清楚电鱼团伙的行动轨迹，当晚渔政公安等多部门联合行动，公安的快艇把电鱼船堵在湾子里，电鱼船还想逃跑，钱明胜等人驾驶着渔船堵住了电鱼船的去路。电鱼团伙十几人被全部抓获。电鱼团伙的人员在被抓了之后还放狠话，要报复巡护员，都被执法记录仪记录了下来，作为证据之一。就这样，第一个电鱼团伙被打掉之后，其他的电鱼团伙都有所忌惮，还有几个团伙仍然不肯悔改，更换了大马力的快艇带上电鱼机仍然在长江中电鱼。蹲守、布控、联合行动，长江安庆段、池州段的电鱼团伙在 2018—2019 年两年之内都被一个接一个打掉，既离不开渔政部门和公安部门迅速行动，也离不开钱明胜等巡护员江边蹲守收集的线索支持。

三、坚持不懈，当好"江豚保镖"守护一江碧水

2020 年 1 月 1 日起，安庆市 10 个水生生物保护区和长江干流安庆段及华阳河、皖河等 2 个重要支流全面禁止生产性捕捞，暂定禁渔期 10 年。从退捕转产上岸的渔民中选拔和聘用成为协助巡护员，由"捕鱼人"转型成为"护鱼护豚员"的故事在安庆大规模上演，协助巡护员也成为渔民转产就业的重要途径之一。为贯彻党中央、国务院有关决策部署，提升长江流域渔政执法监管能力，确保"禁渔令"落实落地，2020 年 11 月 23 日，

农业农村部办公厅、人力资源和社会保障部办公厅、财政部办公厅联合印发《关于推动建立长江流域渔政协助巡护队伍的意见》，推动建立长江流域渔政协助巡护队伍。钱明胜等人也编入了安庆市迎江区渔政协助巡护队，由财政拨款保障工资来源。

长江十年禁渔以后，经过渔政公安等多部门的严打，长江中非法捕捞等案件急速下降，渔业资源开始恢复，很多地方鱼群开始出现，经过抖音等自媒体发布以后，钓鱼的人越来越多。长江安庆段大部分水域是水生生物保护区，禁止垂钓，即使"一人一竿一线一钩"也是不允许的。钱明胜继续着他的巡护之路，每晚坚守在巡护路上或者在屏幕前看着摄像头传来的信息再根据监控的提示迅速出击。一晚上下来要出动好几趟，电瓶车充满电骑没电了又继续充。晚班结束，大家都迫不及待地回家休息，但是钱明胜总是到江边江豚经常出没的地方去看一看，看到江豚在那里，他才放心地回家。有时候看到江豚不在原来的地方，他就骑着电动车去找，经常不知不觉把电动车骑没电了，要推几十里路再把电动车推回来。

2024年，在腾讯公益基金会支持下，长江生态保护基金会在长江安徽段开展江豚同步考察行动，十几支队伍同时行动，一天之内将安徽江段的江豚数量做一遍统计。钱明胜就是考察队员之一，他负责的考察线路也有一部分是他负责巡护的水域，他总是从早上8点开始坚持观察到下午5点考察结束，手握着望远镜站在船头，一站就是一天，但是钱明胜总是一丝不苟地坚持观察，认真地搜寻着每一头江豚的身影。钱明胜对于每次考察的机会都十分珍惜，每次出发前都认真准备，虽然他识字不多，但是经常从网上查资料，不懂的一些问题经常和考察队长请教，别人总是不理解，嫌他烦，但是他总是笑笑说巡护员也要多学习，多了解科学知识才能更好开展科学保护工作。钱明胜还配合其他的水生生物资源调查等科研工作，总是不辞辛苦地认真做好每一件事，也在做事的过程中多思考，有不懂的地方就请教科研人员。科研人员有时候打趣地说，老钱的专业水平在不断提升，马上要达到研究生水平了。

钱明胜说自己这辈子都在和长江打交道，能在50多岁还能为长江保护出力是一件十分荣幸的事情，只要自己能干得动，自己就会坚持下去。这些朴实无华的言语，看起来也没有那么惊天动地，但是正是因为有一个又一个钱明胜这样的巡护员坚持在长江大保护的一线，不怕苦不怕累，长江大保护的"最后一公里"问题才得以解决。"捕鱼人"转型"护鱼护豚员"是中国长江保护上的一个伟大的创举，已经在过去的几年发挥了不可替代的重要作用，相信这支队伍在以后的长江大保护工作中仍将持续发挥特殊的作用。

蒋礼义（江西）：风里雨里护豚鸟，鄱湖卫士累弯腰

蒋礼义，1970 年生，现任江西省鄱阳县鄱阳湖江豚保护协会会长，鄱阳县江豚协助巡护队队长。蒋礼义年轻时当过企业的团委书记，后来临时聘用到县渔政局工作，2018年开始成为协助巡护队队长，协助渔政部门打击非法捕捞，清理湖区残留渔网，不管寒暑，都坚持守护在江豚身边。蒋礼义知道鄱阳湖保护和江豚保护需要社会各方面的关注和参与，和中小学合作建立"江豚学校"宣传江豚保护，在 2 个渔村建立渔民驿站，传承当地特有的渔文化，帮助渔民转产就业。

一、紧急救援，枯水期江豚危险重重

2012 年 3 月，鄱阳湖的水位急速下降，很快鄱阳湖南端的鄱阳县、余干县等水域大面积汪洋一片的景象不再，变成了一个又一个蝶形湖。这对于"丰水一片，枯水一线"的鄱阳湖来说每年都发生，大家也并没有太在意。彼时，蒋礼义是鄱阳县渔政局的临聘人员，那天他正陪同着中国科学院水生生物研究所的一个团队在做渔民的问卷调研，一个队员和一位渔民面对面访谈，一份问卷做下来约需要 1 小时。这时有一位叫胡平安的渔民刚从湖里回来，匆匆跑来村委会，报告说在乐安河的一个退水的小湖里

有七八头江豚被困在里面，湖里面的水位还在下降，他离开的时候湖里的水还有五六十厘米深，在那里打电话没有信号，开了两三小时的船才回到村委会来报告。

访谈立刻停止，在胡平安的指路下，村里几位有经验的渔民和调研队队员驾驶着两艘渔船赶紧往出事地方进发，同时报告给当地的渔政局（当时渔政局还没有合并到农业农村局）。在半路因为水位太低，另一艘大一点的船搁浅了，要人下来减少一些重量，顺便推着走。胡平安的小船先行，七绕八绕，经过两小时的艰难航行，终于到达了江豚被困的水域。大家被眼前的景象惊呆了，一个几百平方米的小水洼，还在不断地往外流水，水洼里的水位越来越低。七八头江豚因为水位低，游泳已经非常困难了。最糟糕的是有一头江豚已经完全游不动了，躺在那里坚强地呼吸着，背部被太阳晒得鼓起一个大疱。终于找到一个地方有手机信号和中国科学院的专家联系上，在专家的电话指挥下，大家赶紧下到湖里，找到出水的地方从旁边找来石头堵上防止水位继续下降；那头已经游不动的江豚，需要把它移动到水位稍微深一点的地方；县渔政局正组织渔民带着船只和工具往这里赶来；武汉的救护专家也加紧向鄱阳县赶来。

经过一场惊心动魄的接力救护，这七八头江豚终于获救，在专家的指导下，大家把江豚转移到水域面积比较大的湖区，并且专家还给江豚做了体检。遗憾的是那头搁浅的江豚没有救活，在当天下午第一批赶到的救护人员准备将它转移到小水塘里的水位稍微深一点的区域去的时候它已经没有什么力气了。当时大家没有带充足的救援工具，蒋礼义和几位渔民就把自己的棉秋衣脱下来垫在江豚腹部，做一个简单的担架把江豚转移到深水区。后来看着这头江豚一点一点地没了力气，逐渐不再呼吸。现场的人都伤心地落泪，一个生命如此脆弱。这也是蒋礼义第一次近距离接触江豚搁浅，没想到后果这么严重。若是胡平安不去报告，没有这一场及时的救援，其他六七头江豚可能也都会命丧于此。蒋礼义通过这件事深知江豚搁浅要被及时发现，那怎么才能及时发现呢？

随后几年，蒋礼义见到了鄱阳湖更多的苦难，眼见着鱼是"越捕越少，越捕越小"，内心着急呀，怎么办？很多渔民也和蒋礼义有着相同的想法，想为鄱阳湖保护做点什么。经过多方努力，2017年，终于成立了鄱阳县鄱阳湖江豚保护协会，开始了保护江豚的实践行动和宣传。

2018 年，在长江生态保护基金会的资金支持下，鄱阳县成为"捕鱼人"转型"护鱼护豚员"的协助巡护制度试点区，在鄱阳县农业农村局的领导和支持下，蒋礼义联合 6 名退捕渔民组成"鄱阳县江豚协助巡护队"，他们熟悉水情、渔情，更了解渔民的需求和想法。蒋礼义带领队员们，驾驶着昔日的渔船，穿行在鄱阳湖上，开始了他们的护豚之路。他们用自己最熟悉的工具，做着最不熟悉的事情，却始终保持着对鄱阳湖的热爱和对江豚的呵护。

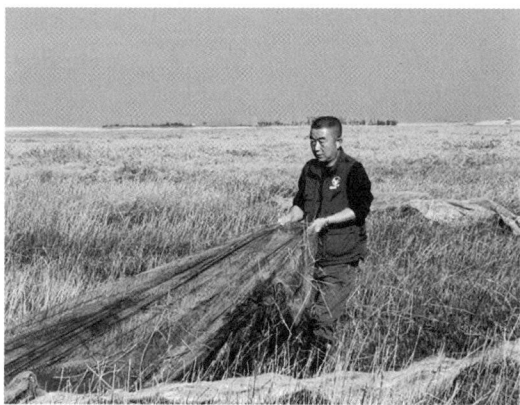

二、巡豚护鸟，退捕渔民转产新生活

巡护工作并不容易，队员们每天都要面对风吹日晒，甚至要冒着危险。他们要清理湖中的废弃渔网、地笼等，防止它们伤害到江豚和其他水生生物；他们要排查非法捕捞行为，保护江豚的生存环境；他们还要配合科研人员进行江豚监测，为保护江豚提供科学依据。2018 年，队伍刚成立的时候，鄱阳湖还没有全面禁渔，情况十分复杂，部分渔民还在从事着电打鱼的勾当。蒋礼义和队员们协助渔政部门将很多电打鱼的人抓获接受处罚。因为有些人就是住在本村的渔民，背后大家都骂他们是叛徒、"走狗"，队员范细才说："连家里的小孩都受到影响，其他家的小孩都不带自己家的小孩玩，说他们一家人都是叛徒。"

有一回，一个电打鱼的头目被抓到，坐完牢以后出来，找到蒋礼义他们的巡护船上，一开始蒋礼义以为他是来报复他们的，还挺紧张。后来电打鱼的头目问，你们这么给渔政卖命，听说渔政一个月才给你们两千多块钱工资，这样，我给你们每人五千块钱一个月，你们跟我干，怎么样？蒋礼义和队员们没有想到这人这么嚣张。队员范细才说："即使渔政局没有一分钱给我们，我们也干，我们保护江豚保护鄱阳湖的鱼，干的是积德的事、是为子孙后代好的事情。你干的那电打鱼是缺德的事、违法的事、对不起祖宗对不起子子孙孙的事。还想我们和你一起，做梦去吧。你下回再电打鱼，还抓你。"电打鱼头目见收买不成，放下狠话说走着瞧，骂骂咧咧地走了。

这只是一个小插曲，蒋礼义和队员们没有时间多想，因为他们要做的事情太多了。2021年，在国家大政策要求下，鄱阳湖渔民转产上岸。很多渔民废弃在鄱阳湖里、特别是以前插的迷魂阵，现在废弃在湖里仍然对鱼、对江豚会产生伤害。蒋礼义和队员们又发动渔民开展"清网行动"，因为很多网随着水位降落被淤泥封在湖底，要想拉起来要好几个人费大半天劲。还有固定迷魂阵的竹竿，就像长在湖底一样，要连根拔起才行。很多人主张砍断不就行了，蒋礼义坚决不同意，因为砍断的竹竿，上端有个尖刺，会刺伤江豚，所以一定要彻底拔掉。一根竹竿三四个人根本拔不起来，需要用绳子拴上，然后开动船来拉才能拔掉。三四个人一条船，一天也拔不掉几根。就这样，蒋礼义他们从春天坚持到夏天，整个夏天都没有拔完，到了秋天才差不多基本清理完，清理出废弃渔网上千吨。

自从2012年的江豚救护事件后，蒋礼义心里十分明白，要时刻关注鄱阳湖水位的变化，特别是枯水期，一定要多巡查。看到江豚在那里，心里担心，水位再降落会不会搁浅；没看到江豚，心里也担心，会不会没有游到大湖区去，会不会万一搁浅在哪里。每次鄱阳湖退水的时候，蒋礼义和队员们巡护的时候都穿着下水裤，带着竹竿和绳索，有些地方开船开不到，就下船步行。在沼泽地里行走，每一步都很费劲，还有可能很危险。蒋礼义和队员们就带着绳索，相互拉着去把每一片水域都看到，用望远镜仔细观察，确保没有江豚搁浅才放心返回。这不是一次两次，每年要退水好几次，每次这样的步行沼泽巡护都要一周以上，虽然每次都没有发现江豚搁浅，队员们回来以后都累得连坐起来的力气都没有，但是下次退水时说去巡护，队员们都默默带上下水裤、绳索竹竿就出发了。有一回队员们看特种兵训练的电视剧，看到在泥潭里前进的场景的时候想到这不就是自己身影，大家在鄱阳湖沼泽里前进可比电视剧中特种兵训练困难多了。

除了自己巡护，蒋礼义还以鄱阳县鄱阳湖江豚保护协会名义发布悬赏令，发现江豚遇险举报给予奖励。有些年份，水不是退得那么迅速，鱼先撤走了，江豚还在就没有食物吃。蒋礼义在县农业农村局的支持下，找到一些鱼类养殖企业，说服其给江豚捐一些饵料鱼，放生到江豚所在的水域去，缓解江豚撤离前的口粮问题，可能它们长距离迁移的路上也不一定能捕到鱼吃，这也算是能让江豚远行前能饱餐一顿有力气赶路。

除了枯水期，在丰水期蒋礼义和队员们也忙得很。2020 年 7 月，受持续强降雨的影响，鄱阳湖的水位急速上涨，鄱阳湖整个区域发了大洪水，很多沿湖的村庄都被洪水淹没，鄱阳县受灾严重。蒋礼义和巡护队队员们，除了坚持巡护排除江豚受伤的险情之外，也白天黑夜地加入抗洪救灾的工作中来。水位已经很高了，还在下着大雨，天空像被捅了一个窟窿一样。这天依然是大雨滂沱，蒋礼义和巡护队员开船路过一个沿湖的村庄时，好像听到有人在喊，不应该的呀，这个村庄的人不是都已经撤离了吗？怎么还有人？多年保持的警惕的习惯，让蒋礼义没有立即走，开船找了几圈，终于在一个二楼找到两位老人，洪水已经淹到二楼，发现时两位老人蹲在窗台旁的桌子上。原来是村干部动员大家撤离以后，两位老人不放心家里养的家禽家畜，又偷偷返回，想把养的猪和鸡等安置一下就赶快离开，谁知道到家以后很快路就被淹没了，很快水就涨到二楼。巡护队员们将老两口背上船送到居民安置点。

鄱阳湖的候鸟也是鄱阳湖的另一大宝贝，鄱阳湖是候鸟迁徙路线上重要的能量补给之地。蒋礼义和队员们在巡护的过程中，也关注着候鸟的情况，也多次救护受伤和落单的小鸟，在林业局专家的治疗下，又将救护的鸟类放归鄱阳湖。蒋礼义很喜欢在南昌培训时长江生态保护基金会给每位参加培训的巡护员发的望远镜，这款望远镜看豚看鸟的效果非常好，虽然有点重，但是巡护路上蒋礼义始终不离身。

三、任重道远，鄱湖保护需共同参与

蒋礼义知道，自己和巡护队的力量有限。江豚和鄱阳湖候鸟的保护需要更多的人参与进来，众人拾柴火焰高，这样才能有希望留住长江江豚的微笑。所以在不涨水不退水的日子里，蒋礼义就带着队员们到中小学去做宣传。自制的宣传单、自制的宣传展板，但是讲到怎么保护江豚，蒋礼义和队员们都讲得绘声绘色，因为一个个故事都是他们亲身经历过的，孩子们也听得津津有味，都说回家以后会和爸爸妈妈继续宣传。蒋礼义推动了与江西师范大学的合作，在鄱阳县的湖城学校共建"江豚学校"，在学校开设江豚保护科普课程，培养学生们良好的环保习惯，并通过小手带大手，带动家长们一起保护江豚，一起参与建设大美鄱阳湖。

巡护的这几年，蒋礼义一直和渔民们打交道，以前看到他们搞电打鱼恨得咬牙切齿；现在渔民转产上岸以后，看到有些人没工作，蒋礼义又帮着他们对接工作，找新的生活门路。鄱阳湖渔民转产上岸以后，鄱阳湖千年的捕鱼文化不能就此消失。为此，蒋礼义争取到长江生态保护基金会和江西省农业农村厅渔业渔政管理局的资金支持，在鄱阳县两个传统的渔村建立两所渔民驿站，将当地特有的网具等渔具收集展示，收集当地特有的渔歌渔俗，特别是发挥其中一个渔民驿站在鄱阳湖风景区旁边的优势，帮助渔民开办农家乐转产转业。

蒋礼义（江西）：风里雨里护豚鸟，鄱湖卫士累弯腰

2021 年，第二届鄱阳湖国际观鸟周组委会办公室授予了 10 名在保护鄱阳湖中作出突出贡献的个人"鄱湖卫士"称号，蒋礼义是 10 人当中之一。

以上说的这些都是蒋礼义和队友们的日常生活，虽然艰苦，但是他们一直坚持着，因为他们坚信：行动带来改变，改变才能有更加美好的未来。

甘世登（江西）：禁渔勇士新启航，护豚情深守碧潭

甘世登，1966 年出生，现在是江西省九江市永修县的渔政协助巡护员。他的祖辈都是鄱阳湖边上的渔民。2020 年，他积极响应长江十年禁渔政策，放下了船桨渔网，开启了上岸后的新生活。

他多次及时发现并上报非法捕捞行为，协助执法部门成功查处案件。鄱阳湖枯水期时江豚面临生存危机，他作为巡护小队长，不畏艰难，坚持长时间驻守巡查，积极参与江豚救助及保护工作。他的身影时常出现在湖岸边，日复一日地守护着这片湖泊的安宁。在巡护队员们共同的保护下，鄱阳湖的生态环境日益向好，也改善了自身及家庭的经济状况，展现了渔民转型护鱼员的智慧与勇气。

一、渔民新生，与鄱阳湖的两三事

当清晨的第一缕阳光洒在一望无际的鄱阳湖面上时，甘世登已经带领协助巡护队员在湖边巡护几圈；湖边的草地上，一群群白鹭飞翔起舞，或在水边悠闲散步。这令人惊艳的美丽画面每日在鄱阳湖上上演。这幅美丽画卷在此之前并非如此，随着人类活动给水生生物带来的负面影响日渐突出，鄱阳湖的渔业资源也在逐年衰退，生态环境严重恶化。为保护鄱阳湖区生物资源，江西省将从 2021 年 1 月 1 日起，全面禁止鄱阳湖区天然渔

业资源生产性捕捞，禁捕期暂定 10 年。

和大多数渔民一般，甘世登除了捕鱼外无一技之长，文化程度有限，禁渔以后外出打工又无法照顾年迈的双亲，附近就业自己也没什么技术，找不到合适的岗位。上岸后的转型期正是退捕渔民们犯难的时候，九江永修县就业局专门邀请了九江职业大学的老师在吴城镇开设了退捕渔民就业培训班，有电工培训班、月嫂培训班、叉车培训班、船舶驾驶员培训班等多门实用技术培训班，帮助退捕渔民积极拥抱新生活。

2020 年 9 月，政府开始组建永修县重点水域护鱼队，在退捕渔民中遴选一批素质高、责任心强的人组成护鱼队，让"捕鱼人"变"护鱼人"。对鄱阳湖满怀依恋的甘世登第一时间就报了名，经过层层筛选在百名报名渔民中脱颖而出，成功成为县重点水域护鱼队的一员。加入护鱼队对他而言不仅解决了他转产就业的问题，也圆了他坚守鄱阳湖的心愿。

从朔风凛冽的冬到火伞高张的夏，甘世登都会穿上那件黑红色的制服，戴上安全帽和救生设备，驾驶着巡护船，穿行在碧波荡漾的鄱阳湖上开始一天的巡逻工作。24 小时水域常态化巡查，观察湖面的情况；一旦发现有人违法捕捞、倾倒垃圾等行为，他都会立即上前制止，拍摄证据并向上级部门报告；宣传法律法规和退捕政策，实时在微信群里交流通报情况。哪里有举报、哪里有可疑人员，哪里就有他的身影。

一张张禁渔明白纸，从鄱阳湖畔传至周边老老少少的渔民。"尽管我的文化程度有限，但国家要做的事情是好事，是对环境有利的，看到生我养我的家乡环境变好，我能出一份力，也感到由衷的高兴和骄傲。"甘世

登如是说。

二、极限营救，守护"长江的微笑"

2022年是甘世登加入协助巡护队的第二年，这年进入10月以来，作为长江中下游地区的鄱阳湖，受长江流域气候和雨季降水提前结束的影响，入湖水量大大减少，湖泊水位逐渐降低，进入了枯水期。这在一般人看来已经习以为常的气候变化，但对生活在鄱阳湖的水生生物来说可能是"灭顶之灾"。

那年10月的一个傍晚，夕阳的余晖洒在湖面上，波光粼粼，美不胜收。甘世登像往常一样在鄱阳湖畔巡查，然而，就在这美丽的景色中，目光远眺时甘世登发现了一抹异常的色彩。起初他以为是一块长石，但在湖水的涌动下似在摆动，当他赶到湖岸一角时，他看到了令人揪心的一幕——一只长约1.3米铅灰色的江豚正搁浅在浅滩上，困难挣扎着。江豚的皮肤在初秋的阳光下已有些许干燥，眼神中透露出无助和绝望。

江豚作为国家一级保护动物，不仅是鄱阳湖的旗舰水生生物，更是我们的国宝。看到这一幕，甘世登心中一紧，想起了在参加巡护员骨干培训时老师讲到的，赶紧拍下照片或视频和渔政局紧急汇报。按照渔政局的指示，现场由他根据培训的方法进行初步处理，他小心翼翼地接近江豚，唯恐自己的动作再次伤害到它。他走进了发现已经体力不支的江豚，无法自行回到深水区。很快湖边的渔政人员和巡护员也赶到，大家一起给江豚清洗了身体，发现身上并没有伤口。按照水生生物救护专家的电话指挥，两人一起托起将江豚抬到深水区，看到江豚能自由活动了，大家悬着的心放下了一大半。担心江豚可能饿了，因为体力原因不方便捕食，县农业农村局又协调买了500多千克活的小鱼放在江豚游动的水域，增加食物资源的密度方便江豚可以很容易获取食物。在接下来的几天里，甘世登和巡护队3名队员就日夜守护在这头江豚身边，晚上就住在巡护铁船上，看着这头江豚的体力慢慢恢复，又游到不远处的大群中和其他江豚一起嬉戏畅游，甘世登和一起守护的渔政人员以及其他巡护队员们终于把悬着的心彻底放下了。

从2022年10月23日开始，县里安排渔政执法人员、护鱼队员全天候驻守在鄱阳湖瓢牙头水域摸排和巡查，建立枯水期长江江豚巡护救护机制，开展长江江豚保护行动。甘世登作为巡护小队长，也全程坚守在瓢牙头临时巡护点直至 2023 年 3 月 28 日。长达 6 个月的巡护监测，甘世登先后多次参与江豚救助及迁地行动。

每每讲到此，甘世登总会感慨万千。他说保护作为"水中大熊猫"的江豚等珍稀动物是每一个巡护员的责任和使命。江豚的这次救援行动让他更加坚定了自己的信念和责任。

三、斗智斗勇，一线生活实录

永修县的协助巡护和其他地方稍有不同，他们都驻守在巡护船上。因为鄱阳湖"丰水一片，枯水一线"，丰水期的时候巡护船可以开到家门口的码头，几里路就到家了；枯水期的时候，巡护船只能停在湖中心有水的地方，大家要骑摩托车穿过一百多里的"鄱阳湖大草原"才能到达巡护船停船的地方。所以，巡护员们就 24 小时在巡护船上值班，一周回到岸上一次带回来吃的食物和饮用水等必需的物资。

工作本就没有一帆风顺的，尤其是护鱼工作更是危险与困难并存。禁渔以来鄱阳湖的生态见好，资源得以恢复渐丰，这也成为不法盗猎者觊觎的目标。2023 年秋冬之际，甘世登发现有人在放丝网进行非法捕捞，及时上报给县渔政执法大队，在同非法捕鱼者一番纠缠斗争后和渔政工作人员一同将其送往渔政执法部门；同年的 12 月份，冬日天色黑的较其他时候早，甘世登在鄱阳湖吉山水域巡查巡护时又发现一群团伙的非法捕捞行为，团伙之中三四人利用拉网等非法手段，趁着夜色无人，在当地违规捕捞渔获物百斤*以上。甘世登等巡护员摸黑在不知不觉中靠近他们，拍摄

---

*:斤为非法定计量单位。1 斤＝500 克。——编者注

下确凿证据后协助渔政工作人员将这个非法捕捞团伙一网打尽。

因为以前捕鱼天天在鄱阳湖中航行，甘世登了解湖中的每一处暗礁、每一个浅滩，也了解湖中常见的鱼类和习性。他也时刻关注着湖水的变化，多次及时发现并上报非法捕捞行为，协助执法部门成功查处案件。除了巡逻护卫之外，甘世登等协助巡护员还坚持义务清理湖面的垃圾，同时还会向当地居民宣传环保知识。尽管文化知识有限，甘世登会用自己的方式认识到环境保护的重要性，保护我们共同的家园。他还经常同当地的渔民交流，了解他们的生活和工作情况，自己在国家的帮助下转业，也希望帮助他们解决遇到的问题。

尽管护鱼巡护工作很累，但是看着鄱阳湖的生态环境越来越好，江豚在水中嬉戏，打心眼里感到高兴。对巡护员这份职业，甘世登很满意："以前起早贪黑的捕鱼，顾不上家庭，退捕上岸的时候政府给了我家现金补偿，还给我们买了社保，护鱼队每月还拿着工资，收入稳定了，日子也过得越来越好。不管多苦多累，我们一定会把巡护工作干好。"

此后，甘世登继续他的巡护工作。他用自己的行动和经历感染着更多的人加入巡湖工作中来。他将自己多年积累的经验和技巧传授给新一代的巡湖员，使他们能够继续守护这片美丽的湖泊。他的精神成为巡湖队伍的宝贵财富，激励着一代又一代的巡湖员为保护湖泊而努力。

"鄱阳湖水青如苔，东州之民淳无怀"的诗意在这里具象化，正因他们的努力，鄱阳湖的生态向好见善，一汪清湖盛满了巡护员甘世登的赤诚之意。

刘鸿(重庆)：鸿鹄有志亦忠勇，风雨兼程护鱼忙

刘鸿，1972年出生，现在是重庆市江津区鸿鹄护鱼志愿队的队长。他总说是长江把他"养大"的。面对日益枯竭的长江资源，自2014年起，志愿义务组织成立一支护鱼队，协助主管部门打击非法捕鱼。2019年，他被渔政部门聘为协助巡护员，第一时间响应举报参与执法，还积极参与生态修复，建设人工鱼礁，清理河道。面对暴力抗法，他英勇无畏，受伤后仍坚持工作。在他的不懈努力下，家乡的非法捕鱼现象大为改观，长江生态逐步恢复。无论昼夜寒暑，刘鸿承诺将继续做好巡护工作，为保护长江流域生态平衡贡献力量。

一、回报长江养育之恩，毅然踏上护鱼之路

"现在长江鱼多了，你们的付出还是值得的。"老百姓一句话的认可，值得刘鸿这十年来的辛苦付出。

儿时，刘鸿的家庭并不富裕，半个月才能吃上一顿猪肉。为了给孙子解馋，刘鸿的爷爷经常带他去捕鱼，每次祖孙二人都是满载而归。那时，刘鸿觉得长江鱼怎么捕都捕不完。刘鸿的哥哥也会带着他去长江游泳，偶尔还会有鱼群从两人身旁游过。这些鱼儿，就是他们自然的"玩伴"。

2000年后，刘鸿经常听到周边的渔民叹息，长江是不是"空了"，咋

就捕不到鱼呢？

究其根源，是那些在江上非法捕捞的电鱼船，这些船采用高压电把鱼电晕甚至电死后捞起，给长江鱼的生存和繁殖带来毁灭性的打击。电鱼船的船头撑有两根竹竿，上面缠有铜线，就像蟑螂的两只触角。"触角"长6米多，投入江中能释放上千伏的电压。被电过的鱼，大部分会翻白漂在水面上，非法捕捞人员便用通电的抄鱼网捞起鱼儿，防止它们二次逃脱，一趟下来能捕获几百斤上千斤。看似一趟下来只有几百斤鱼遭殃，事实上可能有上万斤鱼群失去生命。被电击后侥幸逃脱的鱼儿或寿命减损，或丧失繁殖能力，尤其是那些鱼苗几乎没有生还的可能。

2014年4月的一天，是改变刘鸿生活节奏和内容的一个重大节点，江津渔政人员到油溪镇老洼沱码头增殖放流，号召大家参与志愿护鱼，刘鸿毫不犹豫地第一个报了名。当天下午，刘鸿就开启了他的第一次义务巡护。当他驾着自家小渔船巡至麻纱桥水域时，发现有两人正在电鱼，便追了上去。突然，对方的船加大马力撞过来，刘鸿的小渔船剧烈摇晃，他被甩入江中。凭借良好的水性，他抓住对方船舷，一跃而上，迅速将其中一人制服，另一人见状后跳水逃跑。刘鸿迅速联系渔政主管部门，很快逃跑的另一人也被渔政部门抓获。人赃俱获，最后两人都受到了应有的惩罚，老百姓拍手称快。首战告捷，这次经历打响了刘鸿护鱼的第一枪，至此开始了他风风雨雨护卫长江的巡护生涯。此后，刘鸿的巡护生涯也是充满危险，经常被非法捕捞的人攻击，但是刘鸿"身手很好"，即使如此也会有大意的时候。有一次在协助水上公安追堵非法捕捞人员的时候，刘鸿被人

从身后用石头砸在头上，最终刘鸿还是坚持把这名非法捕捞者制服，后来到医院缝了十几针。

二、救护国宝长江鲟，严守鱼类产卵季

2021 年长江流域重点水域开始禁捕，这一年重庆建成首个珍稀鱼类收容救护中心，该中心设立在长江江津段的渔政趸船上，聘请刘鸿的护鱼队负责鱼类救护工作。

在初秋九月的一天，刘鸿和他的队员们如往常一般进行着巡护工作。当他们来到张家沱附近时，眼尖的队员突然发现靠近岸边的水里放置了一张渔网。大家好奇地捞起渔网一瞧，网内竟然困着九条长江鲟。然而，不幸的是，其中两条长江鲟已经失去了生命，另外七条也是翻着鱼肚气息奄奄。刘鸿见状，赶紧小心翼翼地带着这些可怜的鱼儿赶往救护中心。这些长江鲟由于长时间被网线紧紧勒住，身上到处都是触目惊心的血痕。其中有一条伤势尤其严重，肚子上被划出了一道长达 10 厘米的口子。请专家赶到这里已经来不及了，只能赶鸭子上架，刘鸿以前在当兵的时候学过人类急救，只能由他来为这条长江鲟缝合伤口。队员们也没闲着，给每条长江鲟的伤口上都抹上红霉素软膏进行消炎处理，然后轻轻地将它们投放到康复池中。就这样，一周后，七条长江鲟已基本康复。在专家确认所有中华鲟都已经达到放流条件以后，刘鸿和渔政人员将这些长江鲟又放归长江。刘鸿和队员们站在船上，目送着这些可爱的鱼儿重回长江的怀抱，身上的疲惫感觉顿时消失了很多。

自救护中心成立以来，刘鸿已救护近 40 尾长江鲟、30 多尾胭脂鱼以及 40 多尾岩原鲤。除了这 100 多尾珍稀鱼类外，刘鸿还救护了 7 000 多尾各类长江鱼。

3—6 月是自然迎接新生命的时节，而刘鸿和鸿鹄巡护队此时就像守护鱼儿新生的保护神一样日夜开展巡护，守护鱼儿安全产卵繁殖。3—6 月是长江禁渔区巡护工作主要时期，因为此时正是鱼类产卵的高峰期，这个时节是不能休息的，一连几天的蹲点，只为逮住那些非法捕捞者。江潮涌动的洪水期，江水滔滔，鱼儿随水漂游，漂往江岸的两边，在浅滩岸边寻觅食物。鱼临岸滩，非法捕捞便蠢蠢欲动。但是以往的非法捕捞者只能

"望鱼兴叹"，因为他们知道一旦动手捕捞肯定会被刘鸿他们发现，自己可能又要去"踩缝纫机一两年"。

三、法不容情人有情，自掏腰包为护鱼

"我一直坚信邪不压正，护鱼十年来受过伤也流过血，被人打击报复过，但我始终坚信一点，只要觉得自己做的事情是正确的，自己坚持做下去，自然有一天大家会理解的。"这是刘鸿在多次采访中讲到的。

2019 年之前，长江还没有开始全年禁渔，那时鸿鹄巡护队主要是打击电捕鱼船。而刘鸿的老家也是在长江段江津水系的一岸，偶尔回去也需要自己开船往返，长江水位落差大、流速疾，刘鸿为了请渔民帮忙看船，一来二去的接触就同渔民们熟络起来。从渔民那里刘鸿得知，不少渔民因打不到鱼而被迫转行。刘鸿和鸿鹄护鱼队打击非法捕捞的行动也获得渔民支持，电鱼捕捞也让普通渔民的生活受到影响，最开始也是渔民们的支持让他坚定下来。

2020 年夏天的一晚，在长江的夜色中，一场守护生态的行动悄然展开。坐在船舱最右侧的何勇一声"在那里"，打破了夜的宁静。众人循声望去，只见一位头戴斗笠、身披蓑衣的垂钓者，在离岸不远的礁石上，手持禁用的"大海竿"垂钓。刘鸿迅速将船停在礁石前，何勇果断跨步上前，手持照相机拍下证据，并和非法垂钓者严正交涉。说起何勇，和刘鸿可谓是"不打不相识"，80 后的何勇现在是护鱼队的编外人员。他是起初

刘鸿（重庆）：鸿鹄有志亦忠勇，风雨兼程护鱼忙

因嘴馋向非法捕鱼者买江团被刘鸿发现，他当时向刘鸿保证不再犯错。后面又忍不住用密网捕鱼又被刘鸿逮个正着，最终获刑几个月。在狱中他深刻反省，决心出狱以后要改变。出狱后他申请加入护鱼队当志愿者，一开始因为有非法捕捞的前科被拒了，但是他却不死心，一有空就来护鱼队帮忙。凭借"非法捕鱼的经验"，他为志愿队立下不少功劳，他自己说他正以独特的方式实现自我救赎。

就算是自己亲戚违反禁渔规定非法捕捞，刘鸿也亲手将他送到有关部门处理。因此，家里亲戚关系一度陷入冰点，而后来随着对护鱼工作和长江保护重要意义的认识，家人也终能理解，逐渐变成刘鸿的支持者。其实刘鸿本人在组建护鱼队前经营着一家建筑工程公司，生意做得很好，后来组建护鱼队以后就把公司交给老婆去打理，自己的时间几乎全部投入护鱼的工作中来，不仅如此，公司的盈利还要来补贴护鱼工作。

长江江津段长 127 千米，江面宽 700～1 500 米。自 2014 年刘鸿成为长江护鱼志愿者以来，有近 1 000 个夜晚在江面度过，为护鱼已累计花了300 万余元改良护鱼装备，从一个人战斗到一群人战斗，到如今发展起"线人护鱼志愿队" 200 余人，从 1 艘船到 6 艘船，从单打独斗到专业化发展。刘鸿的护鱼志愿服务吹响"集结号"，群众基础不断增强。

多年来，刘鸿协助渔政执法部门抓获了 143 名非法捕鱼嫌疑人，收缴非法捕鱼船只 42 艘、电捕鱼工具 165 套、网具 425 副。全区渔业行政处罚案件共 162 起，处罚 178 人。其中，刘鸿亲自参与抓获 106 起，涉及117 人。他用自己的努力和坚持，带动更多的人参与到长江生态保护志愿工作中来。他最大的梦想是希望通过大家的共同努力，等长江十年禁渔这场大战役胜利后，长江里的鱼类恢复到往日的繁盛。

时至今日，经过几年的努力，往日美景初现。江水粼粼，鱼鸟翔集。雨过天晴后的江水不过一两日就恢复澄澈见底，冬日的江下两三米仍可见其清。鱼群渐丰，船巡江中时有鱼儿跃入船中，中华鲟、胭脂鱼等珍稀鱼类也"重现江湖"，成群踊跃的鱼是长江生命的律动。

曾安居森林甚少出现的中华秋沙鸭，如今也大摇大摆在长江之畔觅食。众多水鸟生物在长江滩涂栖息，它们灵动的身影，为这片水域增添了

无尽的活力，它们见证着长江两岸生态向好向善。

牟国勇（四川）：舍下小家为大家，荣誉彰显汗与泪

牟国勇，1986 年出生，现在是四川省巴中市平昌县的渔政协助巡护员。牟国勇的父亲、爷爷都是渔民，"母亲河"给他们三代人凑出了生活费、学费。而到了自己这一代，牟国勇感到自己有责任要为她做点什么。在长江启动十年禁渔的背景下，牟国勇果断放弃捕鱼生涯，转身为长江巡护员，不畏艰难、日夜坚守，以专业知识和过往渔民经验守护水域生态，并激励更多人加入长江保护行列。

一、无悔选择，将全身心投入巡护工作

牟国勇的故事始于一场关于水生野生动物保护的科普宣传活动，这场活动主要面向公众普及水生野生动物保护的重要性以及相关法律法规的知识。在这场活动中，牟国勇深受触动，2022 年 11 月的这一天，长江生态保护的种子在他的心中深深扎根，彻底改变了他的人生轨迹。2023 年 1月 1 日是一个值得纪念的日子，牟国勇终于实现了他的人生转型，成为一名光荣的协助巡护员。这一天，在庄严的入职仪式上，他郑重地宣誓："为鱼护航，无悔选择。"

牟国勇的初心源于对家乡的热爱、对环境的热爱、对水生动物的热爱。他明白，长江流域的保护不仅是一个地方的问题，更是全国上下联动

全民一起行动一起参与的实践行动。为了长江流域的绿水青山，他愿意无论是在烈日下还是在寒风中，他都坚定地站在巡护工作的第一线。

因为违法捕捞和违规垂钓人员随时都有可能出现在河边，所以牟国勇和同事们必须时刻待命，就连节假日、吃饭、深夜都不能松懈。牟国勇对成为协助巡护员后的第一次任务记忆犹新，那时，执法部门发现了一名电鱼人员的踪迹，于是立即采取行动蹲守，牟国勇和他们一起在7月的高温中守了一个通宵，最终抓获了嫌疑人。这次行动让牟国勇深刻认识到巡护工作并没有以往想象中的轻松和简单。

7月的一天，牟国勇回到家吃完晚饭正准备休息，突然电话响起，渔政局接到群众举报说有人在江边下网捕鱼，人手不够，要牟国勇也立刻赶往现场。他以最快的速度赶到现场，协助执法人员将违法捕捞者送到派出所后，牟国勇又返回现场帮助执法人员了解情况、做笔录，寻找更多的证据，一直忙到天亮，又继续开启了新一天的工作。牟国勇表示："这都是日常最普通的一天，没什么的，我们都是风雨无阻，不管是大热天还是下雨下雪，哪里有非法捕捞我们就会出现在哪里，哪里需要我们就出现在哪里。"

协助巡护员的工作往往需要牟国勇深入江河边的危险地带，正因如此，起初，牟国勇的家人难以理解他的选择。他们认为巡护员的工作不仅收入微薄，而且异常艰辛，需要长途跋涉，甚至常常彻夜不归，让人担忧不已。2023年12月20日的深夜，牟国勇与同事们执行着清网行动，长时间蹲守却并没有等到违规网具的主人现身，无奈之下，渔政人员决定提前行动，收缴这些非法工具。夜色深沉，视线受限，牟国勇不慎踏空，瞬间落入冰冷的河中，并被密集的渔网紧紧缠绕，天色黑，大家都没有注意到他落水，他奋力挣扎，幸好同事们迅速反应，放下绳子把他拉上岸，帮助他挣脱渔网的束缚。上岸后的牟国勇，全身湿透，疲惫不堪，直呼"感觉全身骨架都散架了，手脚都不是自己的"。上岸后领导和同事们都十分关心，点燃火堆为

他驱寒取暖，在这一刻，牟国勇深切感受到了团队间的深厚情谊与工作的价值所在，他由衷地感到自己是幸福的，也更加坚信自己当初选择这份工作的正确性。

从 2023 年元旦牟国勇加入平昌县协助巡护队，参与长江流域的水生野生动物保护工作以来，他日夜奔波在各个水域，宣传法规，协助打击非法捕捞行为。全年下来，他参与水上巡查 5 000 余千米、陆上巡查 10 000 余千米，发放宣传资料 5 000 余份，张贴禁渔通告 1 000 余份，劝离初次违规垂钓人员 1 500 余人次，清理违规网具 200 余张，参与联合执法 50 余次。

二、苦乐相伴，协助巡护员的光荣与自责

成为一名协助巡护员后，牟国勇的日常工作并不轻松。他的巡查区域十分广阔，这意味着他的巡护工作需要面对十分复杂的环境挑战。无论是乘船在水上巡查，还是在陆地上进行巡查，牟国勇都必须时刻保持高度的警觉，以免错过"蛛丝马迹"或一不小心让自己陷入危险。然而，这份充满挑战的工作并未能赢得所有人的支持与理解。特别是那些在禁捕区的钓鱼爱好者，他们对牟国勇及巡护队的工作常感不解与抵触。在劝导他们离开时，往往遭遇的是不解与质疑，他们往往会说："你们多管闲事，钓鱼又不犯法！"有时候甚至还夹杂着谩骂。面对这样的误解，牟国勇心中五味杂陈，但他仍然坚持不懈地向这些钓鱼人讲解法律政策以及长江禁捕保护水生生物的重要性。讲的次数多了，很多钓鱼人也有所改变，甚至有的，不钓鱼了，看到别人在禁捕区域垂钓也自发去劝离。

有一次，暴雨倾盆而下，牟国勇在巡逻中发现一名垂钓者仍固执地留在滩头垂钓。起初，巡护队仅是出于安全考虑劝其离开，但随着雨势加剧，江水迅速上涨，垂钓者被困于水中，情况危急。关键时刻，牟国勇与同事迅速反应，拨打 119 求助的同时将随身携带的救生衣用救生绳甩给垂钓者，并在岸上用救生绳拉着他防止被水流冲走，经过 1 小时多的紧张救援，终于将垂钓者安全救回岸上。"真是又爱又恨，但是关键时刻还是要保障人员生命安全，哪怕他正在非法垂钓。"牟国勇由衷地感慨道。在日

常的巡护工作中，牟国勇的每一次巡查都可能直面违法捕捞者或是遭遇危险的犯罪分子。不论是极端恶劣的天气状况，还是复杂多变的地形，这些挑战无不考验着他的耐心与毅力。

2023年7月13日的夜晚，为了抓获非法电鱼人员，牟国勇和同事们不得不在茂密的草丛中长时间蹲守，并关闭手机，以免引起嫌疑人注意。在那几小时里，他们忍受着蚊虫的不断叮咬，环境艰苦而恶劣。那一夜，牟国勇因关闭手机，错过了妻子打来的电话，也错过了孩子生病的重要消息，直到他结束任务打开手机才发现家人打了很多遍电话给他，原来孩子突发疾病，老婆给他打电话一直打不通，后来在邻居的帮助下送到了医院才得以及时救治。牟国勇很愧疚地说："当我赶到医院时，看见我老婆独自一个人在陪孩子，看上去很疲倦。可她只看了我一眼，什么也没有说，我当时心情是五味杂陈。"

这种情况让牟国勇感到深深地自责，觉得自己没有尽到一个父亲的责任。但尽管内心备受煎熬，当孩子出院后，牟国勇仍然回到了自己的岗位上。随着时间的推移，家人逐渐理解了他的处境并开始给予他更多的支持和理解，牟国勇感到很欣慰："我们出去玩的时候，看看河边的风景很好，湖里的鱼也很多。我说我们这个职业不是为了现在的眼前利益，是想让后代也能看到渔业资源的丰富。现在我说出门去巡护，家人都是很支持我的。"

三、精益求精，丰富的知识为生态保护助力

身为一名协助巡护员，牟国勇一直坚持传承不怕困难、团结向前精神，不断提高自己的专业素质和知识，他不仅反复学习《中华人民共和国渔业法》《平昌县长江流域重点水域禁捕范围和时间的通告》等法律法规，

还将自己对于法律的理解整理成通俗易懂的话术，在日常巡护工作中，遇到人群在河边聚集的时候，就去人群中像是说书一样说两段。曾经和父亲一起捕过两年鱼的牟国勇，巧妙地将这份渔民智慧融入了他的巡护工作中：每当发现有人非法下网，他总能迅速而准确地知道如何收缴这些渔具，几乎每处渔网的踪迹都难逃他的法眼。

此外，他还精通驾驭快艇的技巧，擅长识别水域中的暗礁与障碍，仅凭水浪与水花的微妙变化，他便能判断出哪里暗藏石头，哪里则畅通无阻。这一技能尤为重要，因为一旦判断失误，巡护队的快艇便可能撞上石头，造成重大事故。因此，牟国勇便时常协助执法人员驾驶快艇进行水上巡查。

牟国勇还曾经因自己对当地水生生物的了解，保护了国家二级保护动物。那一次，牟国勇家附近的一位钓友在非禁捕水域钓获了一条长相奇怪的鱼，在场的人都不认识，牟国勇上前查看后，即刻确认道："这个是岩原鲤，是二级保护动物。要放生，不能拿回家去。"随即，村民们遵循他的建议，将鱼放归自然。同时，牟国勇也感慨道，之前从老一辈人的口耳相传中得知，这些未知的鱼类往往极为珍稀。"既然老一辈提起过，而我们这一代却没见过，这说明这些鱼类正变得越来越少，甚至可能正面临灭绝。随着长江生态保护力度的不断加大，我相信这类稀有物种数量未来将会越来越多"。他满怀希望地表达了自己的愿景。

2022 年，牟国勇的一个朋友突然向他问起协助巡护员的事宜，牟国勇很开心，还是向对方讲明了护鱼的重大意义和日常工作的内容与艰辛，并在他的带动影响下，朋友也加入协助巡护员的队伍，也投入长江大保护的事业中来。牟国勇说道："我觉得我们协助巡护队还需要更多人的，加入的人越多，渔业资源才会被保护得更好。"

2023 年，牟国勇的努力得到了认可，他荣获了平昌县"优秀协助巡护员"称号。这份荣誉不仅是对他个人努力的肯定，更是对他在水域生态保护工作中贡献的高度评价。牟国勇心里清楚，这不仅是对他个人的鼓励，更是给整个协助巡护团队的鼓舞。虽然工作中总是充满艰辛和挑战，但他觉得就是这份坚持和付出，让水域环境越来越好。

他期望通过坚持不懈的努力，让长江重新焕发生机，再现昔日鱼类资源丰饶、生态繁荣的景象，那正是他童年记忆中，父亲与祖父辛勤劳作、满载而归的温馨画面。牟国勇坚信，有效管理和保护渔业资源，不仅是对当前生态环境的负责，更是为后代子孙留下宝贵的自然遗产，让他们也能"享一点福"。

周涛（四川）：非遗传人护鱼忙，寒暑昼夜守江湖

周涛，1974年出生，现任四川省宜宾市江安县协助巡护队队长、宜宾市蓝豹救援队队长、江安县鲟梦自然保护中心执行主任。周涛本身是个非遗传承人，靠着非遗的手艺也可以名满天下，而却偏偏与长江结下了不解之缘，由"钓鱼人"转型"护鱼人"，白鲟的灭绝引发他对长江鲟保护的不懈努力与尝试。他有多重身份，每一重身份都看到了责任担当；他有很多故事，每一个故事都写满了辛酸与坚持；他有很多苦楚，每一份苦楚都是长江越来越好的见证。

一、非遗传人，与长江的不解之缘

认识周涛很多年了，我们都喊他"涛哥"，他确实有大哥风范，性情很豪爽，做的事情也很"爷们"，所以大家不管年龄大小都喊他涛哥，既是尊敬也是崇拜。第一次听说周涛是四川江安竹簧工艺的非遗传承人的时候，我怎么也没法和眼前这个因为天天在江上漂，被晒得黝黑，有着一双粗壮的大手壮汉联系在一起。但是确确实实周涛他是这门非遗的唯二传承人，另一位传承人是他的哥哥，周涛认为有比非遗传承更重要的事要做，所以这门手艺的非遗传承重任就落到了他哥哥身上。

周涛的"不务正业"源自于一次重大的救鱼行动。周涛出生于长江边，

儿时的记忆里，长江水清鱼跃，他与小伙伴们在江边嬉戏玩耍，经常能看到很多长得很漂亮很新奇的鱼在水中游弋，有大有小，颜色也多样，那时周涛觉得本身就是这样，这就是大自然的魅力。2003年1月，在宜宾市南溪县（现南溪区）罗龙镇，渔民刘龙华在涪溪口捕鱼时，无意中捕获了一条长达3.35米、重约150.9千克的雌性白鲟，体内有数十万颗鱼卵。这一发现立即引起了轰动。白鲟，是长江中体型最大的鱼类，素有"千斤腊子万斤象"之说，其中的"腊子"指的是中华鲟，"象"指的则是白鲟。可见长江白鲟的体型之大，可以达到万斤之巨。遗憾的是，白鲟在2022年被宣告"灭绝"。而它们最后一次出现在人类的视线中，就是2003年这次。

不少鱼类专家闻讯赶来，试图对白鲟进行救助，他们吸取了之前将白鲟进行圈养失败的教训，打算为其清理伤口之后进行放流，并追踪它的产卵情况。毕竟，这是一条携带着数十万粒鱼卵的白鲟，承载着白鲟家族最后的希望。为了追踪到白鲟产卵洄游的路线以及活动范围，鱼类专家们在这条白鲟的身上安装了声呐，并开船进行追踪，希望能够通过追踪了解白鲟的活动范围，评估长江中白鲟种群的生存状况。就在白鲟被放归长江后不久，负责追踪的船只在四川江安"金鸡尾"江段因大雾不慎触礁，导致追踪信号丢失。当他们快速把船只修好之后，声呐早已失去了信号。专家们开着船在长江上苦苦追寻，结果没有发现半点信号。"最后"的白鲟，就这样消失在人们的视线中。此次白鲟的抢救行动，周涛也深度参与其中，不知道什么原因，周涛听到这个消息后放下手中的活，就赶到江边去帮忙。追寻白鲟的信号消失了以后，周涛沿江找了很久，有一段水流最急的地方，他还跳到长江中游了很久，累了再上岸，直到筋疲力尽，再也走不动了。这件事对于周涛触动很大，这么大的一种鱼，这么威武霸气的一

种鱼，难道就从长江里消失了？

二、巡护队长，与长江的命运与共

周涛的身份很多，年轻的周涛对钓鱼产生了浓厚的兴趣，并逐渐成了一名专业钓手，甚至入选了中国国家舟钓队，代表中国参加各类比赛，取得优异成绩。然而，这份热爱却在他参加国际垂钓比赛时被打破。2014年，在俄罗斯参加国际垂钓比赛的周涛被一位外国选手问及："中国长江里的鲟鱼原来有三种，现在还有吗？"他沉默了，因为他已经很久没有在长江里看到过鲟鱼了。回国后，他走访渔民，发现长江里的渔业资源已经近乎枯竭，鲟鱼更是难觅踪迹。

"电鱼非常猖獗，'断子绝孙网'的网眼小得连鱼苗都漏不过去，长江几乎快无鱼可捕了。"周涛悲痛地发现，儿时记忆里那个拥有独特光泽的美好生物已经无可挽回地消失了。带着悲痛的心情和一股正义感，周涛觉得自己要干点什么，他和两个钓友自发成立了一支"巡护队"，开启了难以想象的"打怪通关"模式。

钓鱼容易护鱼难。每天往河段跑，正经工作怎么兼顾？巡护需要装备需要人，钱从哪里来？遇到不法分子，以什么身份与其对峙？被人威胁性命，对抗还是逃离？妻子不理解要离婚，选鱼还是选老婆？

周涛没有想到，保护一条鱼竟然要面对如此多人生的艰难选择。作为"队长"，抱着一股常人不能理解的执拗劲，周涛愣是咬牙坚持了下来。护鱼没有经费，就自掏腰包用自己做工程挣来的家底支撑；护鱼没有人员，就"连哄带骗"把自己的好兄弟请来一起干；护鱼没有车船，车就开自己的车，船就先买了一艘小船……不过世事无圆满，随着巡护之事慢慢走上正轨，周涛的婚姻走到了尽头，钱财也逐渐亏空。在镜头面前，他默默哑了一口烟，别过脸去，个中辛酸不足与外人道也。周涛很清楚，保护长江水生物，光靠个人难以为继，稳定的收入和稳固的团队才是长久之计。

这个机会在2018年到来了。为保护和拯救长江鲟物种，2018年农业农村部印发《长江鲟（达氏鲟）拯救行动计划（2018—2035）》，并在宜宾市举行了一次长江鲟增殖放流活动。活动中，周涛结识了鲟鱼保护专家、中国水产科学研究院长江水产研究所研究员危起伟，并在其引荐下，顺利与长江生态保护基金会建立起联系，获得了第一笔资金支持，在此之前周涛已经自掏腰包在护鱼这件事上花了 160 多万元，家底已经掏空。"这不仅仅是经费上的资助，对我们意味着莫大的肯定，给我们打了一剂'强心剂'。有了阿拉善 SEE 企业家们和长江生态保护基金会这样专业的公益机构的支持，感觉我们好像找到了娘家，心里更有底气"，周涛说。

有了长江生态保护基金会公益资金的支持，巡护队的人数也稳定在了6 人，其中就有多名退捕渔民。做钢管生意的吴江、做茶酒生意的肖玉南和已经成为水手的李基奎在听到召唤后，都义无反顾地加入了巡护队。有了他们的加入，江安县协助巡护队如虎添翼。出身三代渔民之家的肖玉南笑着说道，过去是打鱼，学的是怎么抓到鱼；现在是护鱼，学的是怎么救助鱼。"跟江水打了半辈子交道，现在看到长江里鱼儿再次成群结队，值了！"

2018—2020 年，周涛和巡护队在当地渔政主管部门的支持下，和长江生态保护基金会一起探索协助巡护制度。当时，长江生态保护基金会在全长江流域支持了 9 支协助巡护队伍，其他 8 支都在长江中下游，保护的旗舰物种是长江江豚，周涛的巡护队是唯一一支在长江上游，并且以保护长江鲟这一旗舰物种为己任。他们协助渔政主管部门打击非法捕捞，帮助科研人员开展长江鲟的监测和保护，也同时宣传长江大保护，每一件事情都尽心尽责。当时搞非法捕捞的人都在蠢蠢欲动，有一次周涛和团队的骨干来武汉参加协助巡护员的培训，这些非法捕捞者高兴极了，相互间奔走相告"涛哥去外地耍了，我们搞起？"最后非法捕捞者还是没敢"开干"，毕竟他们心里知道伸手必被捉，坐牢的滋味可不好受。

"当时的江安县没有专职渔政人员，只能靠水产站代管，监管力量薄弱。"江安县农业行政综合执法大队渔政中队中队长张新才告诉记者，2018 年长江流域渔民退捕已经提上日程，渔民熟悉江面、熟悉渔情和捕捞方式，如果能吸纳一部分退捕渔民参与协助巡护则多方受益。

每年 7 至 9 月，是非法捕捞的高峰期，整夜在江上蹲守是巡护员们的常态。经常一干就是一个通宵，裹个睡袋就在河滩上休息。由于巡护工作触及某些人的非法利益，队员们经常收到不明电话或短信，遭受威胁恐吓。在这些年的巡护过程中，队员们也遇到过不少危险和威胁。周涛介绍，有一次，他们半夜里在江上蹲点拦截非法捕捞的船只，但非法捕捞者并不听他们的劝阻，一边骂骂咧咧一边驾船逃跑。巡护队员用绳子拉住对方的船，没想到对方就拉着巡护队的船一起往上游跑，一边跑还一边喊着"有人抢劫了"。上游滩多水急，稍有不慎可能就会船毁人亡，巡护队员们很担心，但是也不甘心放跑了这群非法捕捞的家伙，最后是非法捕捞者用长刀砍断了绳子，甩开了巡护队，并撂下狠话："以后小心点，回去办你"。此事过去几天后，非法捕捞的不法分子便开始蠢蠢欲动，到县城里打听巡护队员的情况，伺机报复。周涛赶快将此事汇报给警方，警方加强了侦查力度，对方打探到了警方行动的风声被震慑住，才放弃了报复计划。

半夜三更到江上去抓人，巡护队员的家里人对这件事情并不认可，几乎没有家庭支持他们。周涛觉得，家人的想法可以理解，毕竟这种志愿团体赚钱很少，而且去江上巡护风险又大，碰到非法捕捞的人去劝阻又会得罪人。好在，经过最近几年的努力，巡护队没出什么事，而且带来的成效也很显著，身边的人开始支持他们的工作，家人也越来越理解。

三、鲟梦长江，与长江的长久之约

2020 年 11 月，农业农村部办公厅、人力资源和社会保障部办公厅、财政部办公厅联合印发了《关于推动建立长江流域渔政协助巡护队伍的意见》，其中明确要提升长江流域渔政执法监管能力，推动建立长江流域渔政协助巡护队伍。并提出要发挥退捕渔民熟悉水情渔情优势组建协助巡护队伍。2021 年起，江安县协助巡护的相关工作正式作为服务项目被纳入政府采购，从地方财政上对资金予以保障。协助巡护队终于有了官方认证，周涛的"游勇散兵"队伍也转为了"正规军"。

周涛还有另外两重身份。一是宜宾蓝豹救援队队长。宜宾蓝豹救援队自2018年成立以来，多次从事应急救援工作，是一支经验丰富的救援队伍。周涛也有15年的救援经验，是国家四级应急救援员，从2008年汶川地震时就参与救援，这些年包括长宁"6·17"地震救援、泸县地震救援、蕨溪特大洪水救援、河南暴雨灾害救援等工作都有参与。2023年2月6日，土耳其发生两次7.8级地震，多地建筑被夷为平地，土耳其、叙利亚两国有上万人遇难。2月11日上午，宜宾蓝豹救援队员4名资深救援人员从宜宾出发，前往叙利亚首都大马士革参与叙利亚地震救援，周涛就是四人之一。江安县协助巡护队在历年的工作中也是肩负着水上救援的任务和职责。多次救护落水群众，帮助打捞落水群众尸体，开展防溺水宣传等。周涛还多次被长江流域渔政协助巡护骨干培训班邀请担任授课教师，讲授《巡护安全与水上自救》这一基础课程。

周涛还是江安县鲟梦自然保护中心的执行主任。2019年12月，在长江生态保护基金会提供注册资金的支持下，周涛注册成立了江安县鲟梦自然保护中心。鲟梦自然一直是周涛的一个梦想，希望长江里的三种鲟鱼都能在长江中安然无恙、长久生存。在巡护的路上，周涛一直没有放弃对白鲟的寻找，他一直坚信白鲟还在长江的某一个角落，只是我们人类暂时还没有发现。2022年7月，世界自然保护联盟宣布白鲟灭绝，长江鲟野外灭绝。周涛在网络上看到这个消息的时候，他正在协助巡护队调研的路上，他始终难以相信这个消息。两年之后，周涛参与的一项科学实验对于长江鲟野外灭绝这一说法给予了有力回击。

2024年4月16日，中国水产科学研究院长江水产研究所主导实施的"长江鲟天然水域产卵场改造与自然繁殖试验"成果在四川省江安县通过专家鉴定。试验依据长江鲟自然繁殖需求理论模型，选择长江上游江安竹岛夹江水域，通过流速营造、河床底质改良、水温调控等手段进行了长江鲟产卵场改造。改造后的产卵场成功诱导长江鲟自然繁殖行为发生并产卵受精。通过受精卵收集统计和原位孵化等监测查证，长江鲟自然繁殖产卵量约48万粒，雌鲟参与比例约22.5%，受精率达83%，试验成功孵化出健康长江鲟幼鱼。水下视频摄像完整记录了长江鲟繁殖过程，证据确凿，这是长江鲟天然水域产卵场改造与自然繁殖试验的首次成功。周涛和协助巡护队的队员们深度参与了这一工作，并且在未来还将继续为在竹岛夹江开展试验的长江鲟试验鱼苗们保驾护航。

5 月下旬，在江安派出所长江护鱼警务室，一个透明鱼缸里，几十尾长江鲟鱼苗已从蝌蚪般大小长大到约 10 厘米。2024 年 3 月，周涛在江安段天然水域亲眼见证了它们的诞生，这是长江鲟首次实现天然水域自然繁殖。多年的努力终于有了丰厚的回报，多年的背负在这一刻化为无声的呐喊冲破周涛的胸膛，让这个魁梧的硬汉热泪盈眶。

还是身着那身蓝衣，周涛转身走向熟悉的岸线，新一天的巡护工作要开始了。离开前，记者问："这会是你的终身事业吗？"周涛答："只要我还活着，只要我还走得动，我想我是离不开长江了。"

周涛的故事还在继续，他的"鲟梦长江"也正在一步步实现。相信在他和其他志同道合的朋友的共同努力下，长江鲟终将重回长江、永续繁衍，为子孙后代留下一个水清鱼跃的美丽长江。

第三部分
多方参与，引导公众关注

肖国友（江苏）：老渔民有新使命，守江普法"老大哥"

肖国友，1981 年出生，现在是江苏省常熟市的渔政协助巡护员。他出身于一个世代以捕鱼为业的渔民家庭，自他 17 岁时从父亲手中接过渔船的那一刻起，他便在长江的波涛中谋求生计，肖国友笑称："这么说来，我和江猪子是邻居，都是住在长江里。"

2017 年，常熟市积极响应国家号召，率先在长江流域启动了渔民上岸工程。肖国友也顺应这一时代潮流，成功上岸，开启了人生的新篇章，从长江老渔民转变为协助巡护员。多年来，肖国友以文明执法和热心普法守护长江，传授经验培养新巡护员，成为长江禁捕与生态保护的坚实守护者。

一、退捕上岸，"老渔民"变身"巡护标兵"

"早年旺季渔获丰收时，一天就能卖掉 2 万多块钱的鱼。"那段渔船上的日子，如今忆起，他心中满是感慨。然而，好景难长，随着长江鱼鲜价格逐年攀升，越来越多的逐利者涌入这片水域，带来了无序的捕捞以及"花样翻新"的捕鱼手段。肖国友亲眼看见了江中鱼群的日渐稀少，心中满是焦急、愤慨与无奈，幸运的是，这种竭泽而渔的境况并未持续太久。

自 2020 年 7 月 22 日起，长江常熟段全面实施了禁捕政策。同年 12

月，肖国友积极响应政府号召，加入了常熟市农业农村综合行政执法大队的协助巡护队，从一名长江退捕渔民摇身一变成为协助巡护员，从此开启了他守护长江的新使命。

每天早上八点，肖国友准时踏上巡护之路，驾驶着巡护车沿江而行，每次巡逻约需一小时。他的目光敏锐，时刻留意着江边是否有非法捕捞者遗留下的网具。得益于多年与长江的亲密接触，肖国友对这片水域的渔情、水情了如指掌，任何非法捕捞都逃不过他的"火眼金睛"。面对部分固执的钓鱼者，肖国友总是不厌其烦地耐心劝导，用长江十年禁渔的政策法规晓之以理。有时，他苦口婆心地劝诫一两小时，对方仍然不知悔改，他也只能联系渔政执法部门对违规者进行相关处理。

从一名自由自在的渔民转变为肩负重任的协助巡护员，肖国友的生活轨迹发生了巨大的转变。初上任时，他还不太适应日复一日、紧张有序的巡查工作节奏。然而，随着时间的推移，他逐渐领悟到了每日巡护背后的深远意义——不仅是职责所在，更是一种对长江生态的默默守护。

肖国友负责的是梅李、海虞两个协助巡护哨所的巡护工作。自加入巡护队以来，凭借其过硬的专业技能和丰富的经验，他已协助渔政部门成功处置了200多起非法捕捞案件，每日车、船巡查距离都超过百千米。"像肖国友这样的老渔民，对长江里的情况非常熟悉，对于鱼群的习性也了如指掌，因此哪里有可能有非法捕捞，他们都会有个比较准确的预判。"常熟市农业综合行政执法大队副大队长周进表示，"在协助巡护员们的帮助下，我们大队总结出了一张常熟段易发生非法捕捞的点位图，有效提升了禁渔管理工作的效率。"在十年禁渔政策的强力推动下，如今的长江常熟段，涉渔违法事件已大大减少，生态环境正逐步恢复往日的生机与活力。

哪怕不在工作时间，肖国友也会常去江边看看，看到江水中有游弋的鱼儿，他觉得心里暖暖的。令肖国友感到喜悦的，还有身边人的变化。有一天，肖国友的妻子突然问他："前几年长江的鱼变少了，那现在怎么样了？"肖国友听了，对妻子关注长江大保护的举动表示很欣慰，他解释说："现在好多啦！早上去江边巡查的时候，可以看到岸边的水里有鱼在游来游去。"正是因为肖国友的影响，妻子也逐渐对长江的变化有了浓厚的兴趣，她对肖国友说："要是你再看到有鱼群，拍张照片给我看看，我看了也觉得高兴。"

二、文明执法，"老大哥"积极普法

在工作中，肖国友坚定不移地遵循文明执法的原则，他十分认同"宣传和教育比处罚要先行"的理念，这种智慧与人性化的管理方式，不仅赢得了公众的尊重，也为巡护队塑造了积极向上的社会形象。肖国友热忱投身于长江十年禁渔的普法宣传活动之中，他和渔政人员、巡护队员们深入沿江的村落，发起并实施了"普法宣传村村行"项目。凭借自身深厚的专业知识和丰富的实践经验，肖国友以生动易懂的方式，向村民们详细解读了《长江保护法》《江苏省渔业管理条例》等法律法规，耐心细致地解答村民们的每一个疑问，让十年禁渔的政策精神能够深入人心，让社会各界普遍认同并积极参与到长江生态保护行动中。

夏日炎炎，钓鱼爱好者们往往选择凉爽的夜晚外出垂钓。因为深知这一习惯，肖国友灵活调整策略，将巡护任务与普法宣传的重心转移至傍晚和深夜。他经常在夜晚出门巡视，带着宣传资料来到江边，每当遇见垂钓者，便上前以温和的态度交流，耐心讲述长江十年禁渔的重要意义。在劝阻违规垂钓的同时，肖国友还积极为钓友们指引方向，引导他们前往合法垂钓区域休闲垂钓，既满足了钓鱼爱好者的兴趣，又达到了保护长江生态环境的良好效果。他这种既讲法规又重引导的方式，赢得了众多钓友的好感与尊重，许多人在了解政策后，不仅主动配合渔政部门的工作，还自发成为禁渔政策的宣传者，向身边人传递保护长江生态的积极信息。在他和巡护队同事们的努力下，长江水域的环境得到了显著改善，与禁捕前相比，发生了翻天覆地的变化，生物多样性逐渐恢复，江水更加清澈，生态环境也日益和谐。

三、热心负责，"老法师"传授经验

随着长江十年禁渔工作的推进和不同时期不同形势的需求变化，常熟市农业农村局招募了一批充满活力的年轻人加入巡护队。在工作中，肖国友身体力行地践行着"传帮带"的优良传统，他不仅慷慨地将自己丰富的渔业知识与宝贵的巡护经验倾囊相授，还亲自上阵为新队员演示快艇的操作，并向他们传授如何在茫茫江水中练就一双发现违规渔网的"火眼金睛"。肖国友常以身作则，对年轻巡护员进行悉心指导，不仅强调自我安全防护的重要性，更教导他们在执行任务时，也要关注违法人员的人身安全，确保每一次行动都能安全、有序、人性化地进行。正因如此，多年来，肖国友参与或带领的巡护行动均保持了零事故纪录。

在他的悉心指导下，许多初出茅庐的新人迅速成长，从对长江禁捕工作一无所知的外行，逐渐蜕变成为能够独当一面的巡护骨干。他们不仅领悟了肖国友对长江的深情厚谊，更将这份责任与担当传递下去，共同守护着这片水域的安宁。肖国友常说："既然干了这一行就要对得起这份责任。"

在巡护时，肖国友偶尔会遭遇企图以不正当手段"过关"的违规垂钓者，他们或以鲜鱼相赠，或说请客吃饭，想以此换取通融，好继续违规垂钓。面对这样的诱惑，肖国友内心很生气，严词拒绝之后再详细和这些人讲理讲法，耐心劝导悉心教育。他也常常以此为例，告诫年轻的巡护员们："作为护鱼员，我们必须坚守原则，不能知法犯法，守护好内心的底线，这是巡护队员最基本的要求。"

面对长江巡护中的突发状况，肖国友更是展现了其非凡的勇气与担当。2023年，韩籍船舶"光明轮"在行至长江常熟段水域时起火爆燃。各级部门迅速响应前往现场救援，而肖国友正在其中。-5℃的严寒天气，风凉刺骨，肖国友毫不犹豫地投身到紧张的救援工作中，抢救伤员、维护航道秩序、密切关注渔业资源的潜在污染风险，确保每一项工作都得以妥善完成。在这样恶劣的环境下，肖国友始终坚守一线，直至所有任务圆满结束，才拖着疲惫的身躯返航。

作为一位资深的常熟老渔民和对长江深怀热爱的协助巡护员，肖国友对长江有着难以割舍的情感，那41千米的江岸线，每一寸他都用脚步丈量过。无数个日夜的坚守，肖国友以实际行动诠释了加入巡护队时"用生命守护长江"的誓言。

在日常工作中，每一项看似平凡的任务，在肖国友眼中都闪耀着不平凡的光芒。他深知，这些点点滴滴的努力，都是推动长江生态环境向好的重要力量。有时，肖国友还会邀请周边社区的群众一同前往江边，亲眼见证长江中鱼群游弋的喜人景象。每当这时，他内心的欣慰与自豪便油然而生，因为这一切的改变，都凝聚着他与同仁们辛苦奋斗的汗水与智慧。

江波(江苏)：江水悠悠映壮志，波光粼粼护鱼心

江波，1980 年出生，现在是江苏省镇江市润州区的渔政协助巡护员。2021 年 5 月，江波加入了镇江市和平路街道协助巡护队，他是队里唯一的 80 后成员。江波的父母是渔民，长大后，他自己也接过父母的衣钵，成为渔民。从小生长在渔船上，江波曾见过长江生机勃勃的模样。响应十年禁渔计划退捕后，江波换过好几份工作，最终还是选择回到自己最熟悉的长江，成为一名护鱼员。

作为队里最年轻的队员，江波在日常巡护工作之余主动学习了无人机飞行操作知识与技巧，能够熟练操控无人机，解决了巡护过程中人手少、盲区多、地形复杂的问题。江波还积极参加公益活动，向居民和学生宣传环境保护的理念，他还担任了新金江渔文化科普馆的义务讲解员，闲暇之余为参观渔文化科普馆的群众讲述长江渔文化的起源、发展和传承。江波对长江有着深厚的情感，协助巡护员这个职业对他来说不仅是一份工作，也是守护自己儿时梦想的机会。

一、昔日渔民退捕，今朝护鱼担当

江波是渔民的儿子，在父母的渔船上度过了他的童年时光。那时的他，曾亲眼看见长江里群鱼游弋、渔船满仓的热闹景象，甚至家人直接将

长江里的水用作生活用水。长大后的江波也成为一名渔民，可此时的长江却已不复往昔的模样。水质受到污染，很多种鱼儿也难觅踪迹。

禁渔政策开始后，江波积极响应政策退捕。不做渔民后，他尝试过不同的工作，开过出租车，也送过外卖，但内心深处总觉得生活似乎缺了点什么。直到 2021 年，润州区要成立协助巡护队，江波看到了新的希望，他毫不犹豫地提交了申请，经过选拔成了一名协助巡护员。

江波格外珍惜协助巡护员这份工作。无论冬寒夏暑，抑或是风吹雨打，他都会骑着巡护电动车，坚定地踏上巡查自己负责的水域。他所负责的水域芦苇丛生，很多地段车辆无法通行，只能徒步检查。每一次巡查单程都需要花费几小时的时间，其中的艰辛不言而喻，而且在巡查过程中，危险常常如影随形。遇到蛇、被芦苇划伤或者掉入水中，这些对于江波来说都是再正常不过的事情。回想起加入巡护队的第一年，有一次江波在巡逻的过程中听到了"啪嗒"的一声响，还好他反应快下意识地后退，等反应过来时，才惊觉刚才落脚的地面已经塌陷。面对这些困难与危险，江波只是淡淡地说道："这就是我的工作，当然还是希望每个巡护员都要注意安全。"

从工作的第一天起，江波就以一种独特的方式记录着自己的巡护历程。他以视频和照片的形式记录巡查日志，一天又一天，从未间断。到今天，巡查日志已经记录了整整三年。这些记录不仅是他工作的见证，更是他对长江生态保护的一份执着与热爱。江波用自己的行动，诠释着协助巡护员的责任与担当，为守护长江的生态环境贡献着自己的力量。

二、创新科技巡江，初心书写奉献

巡护工作往往是枯燥且琐碎的，每日重复着看似单调的任务，在漫长的水域沿线巡查，精神却要高度集中不放过任何一处可能存在问题的角落。江波却深知这份工作的重要性，他一直在思考如何能让巡护工作更加高效。

作为协助巡护队里最年轻的队员，江波凭借着自己的创新思维，大胆地提出将无人机运用到巡护工作当中。为了实现这个想法，他主动去寻找专业人士学习无人机技术。经过不懈努力，他很快掌握了这门技术。无人机的引入给巡护工作带来了很大的变化，不仅节省了人力，让有限的队员们能够更合理地分配工作任务，还大大提高了工作效率。以往需要花费大量时间和精力去巡查的区域，现在通过无人机的高空视角，能够迅速地进行全面观察。同时，无人机也提高了巡护队的安全系数，减少了队员们在复杂地形中遇到危险的概率。

作为队里唯一掌握无人机技术的队员，江波在实践中不断摸索，努力提高自己的技能，力求将无人机的作用发挥到最大化。2024 年 6 月中旬，江波在一次巡护中，通过无人机观察到在芦苇荡中有偷钓者。他在用无人机拍照取证的同时立即联系渔政部门前去抓捕。在行动中，因为有茂密的芦苇丛遮挡视线，加之地面湿滑泥泞，江波不慎滑倒受伤，但他说："抓捕偷钓者时就有一份责任感往前冲，哪怕是泥泞的滩涂和繁茂丛生的芦苇。"

江波和协助巡护队中的每一个人都相处得很融洽，团队里的其他队员们都很喜欢这个队里最年轻的弟弟，他们鼓励江波将更多的科技运用到巡护工作中来。最近，江波在考虑能否将高清摄像技术和无人机结合，进一步提高巡护效率。他设想通过无人机搭载高清摄像头，实时监控水域情况，并将画面同步传输回指挥中心。这种方式不仅可以覆盖更广的区域，还能减少巡查人员遭遇风险的可能，特别是对于岸边多芦苇的区域效果十分明显。

谈及未来，江波说他并没有什么宏大长远的计划，他只是专注于当下，脚踏实地地做好自己的本职工作。近年来，禁渔计划的成效愈发显著，长江的水质不断提升，环境也越来越优美。江波深知，这些成果的背后，每一位协助巡护队员勤恳工作都贡献了一份力量。在他看来，自己当下最重要的工作就是做好一枚踏实、负责任的"螺丝钉"。

三、倾心守护生态，接力延续热忱

镇江市润州区是长江禁捕退捕的重点区域之一，其中还包括了省级江豚保护区。近几年，江波越来越频繁地能在工作的水域内看到江豚，这让他感到非常高兴。江波在童年时期常常能看到江豚，但长大后很长一段时间内他再也没有见到过它们。对他来说，江豚就像他好久不见的朋友一样。为了保护好这些"朋友们"，江波可谓拼尽全力。曾经有人在江豚保护区违规垂钓，江波在上报案情后配合公安追捕偷钓者，狡猾的偷钓者钻入了树林，江波追了他们一两小时终于将他们堵住最后被公安带走。现在，看到年轻人对着江面跃起的江豚惊呼时，江波感到十分欣慰。他说："希望人类和江豚永远都是好朋友。"在江波和协助巡护队的努力下，润州区的水域环境越来越好，这两年还出现了青头潜鸭等一级保护动物。

除了辛苦的禁捕工作之外，江波还积极投身于禁渔宣传工作。为向群众宣传长江十年禁渔政策，在江波的建议下巡护队特意录制了禁渔宣传口号，在巡江的过程中进行循环播放。他还加入了"老渔夫"志愿者团队，长期踊跃参加江豚保护、巡河护河、生态保护等各类志愿活动。在2024年的"世界湿地日"，江波与志愿者伙伴们一起行动，积极向居民宣传环境保护知识，认真发放宣传单，耐心地为大家讲解保护生态的重要性。江波还带着环保理念进入校园，在课堂上向学生们科普环保知识和禁渔政策，并带领金山湖小学的小志愿者们，一同对长江岸线、石缝、草丛中的垃圾进行全面清理。孩子们在他的带领下，为保护长江生态环境贡献着自己的力量，在心底埋下了一颗保护自然的种子。

此外，江波还是新金江渔文化科普馆的一名义务讲解员。在闲暇之余，他便会结合自己的工作内容，为前来参观渔文化科普馆的群众生动地讲述长江渔文化的起源、发展和传承。他不单单是在弘扬生态文明理念，增强人们保护长江生态环境的意识，更是在对长江渔文化进行有力传播。他以自己的热情与专业，让更多的人了解长江渔文化的深厚底蕴，为传承和保护这一珍贵的文化遗产贡献着自己的力量。

在江波的影响下，他周围的人也越来越关注长江大保护计划。江波上小学的女儿受到父亲的影响，在学校里成为生态保护的小小宣传员，还参与了保护长江生态宣传视频的拍摄，邻居们也时不时询问江波禁渔新政策，这让江波感到非常的自豪。他期望越来越多的年轻人能够成为保护长江的主力，年轻人是未来的希望，只有他们积极行动起来，才能让大自然的美丽得以长久延续。江波希望年轻一代能够传承这份对生态保护的热忱，用他们的智慧和力量，为保护长江、保护大自然贡献更多的光和热。

在长江的协助巡护之路上，江波以其独特的经历与创新思维，展现出了年轻一代对生态保护的使命感与责任感。从一个在渔船上长大的孩子，到如今成为协助巡护队的先锋，江波的成长历程不仅是个人的蜕变，更是时代变迁的缩影。

江波每天要工作 12 小时，走过 30 余千米的巡查区域，而每一次的巡查工作他都专业而专注。在他看来，保护长江不仅是为了恢复曾经的生机，更是对未来的承诺，他说："希望给子孙后代留下一片绿水青山。"江波的故事，正如长江的波涛，激励着更多人携手共建美好的生态家园，让我们的母亲河永远奔腾不息。

程友清（安徽）：禁渔潮头显担当，护水路上写忠诚

程友清，1968年出生，现在是安徽省马鞍山市当涂县的渔政协助巡护员。"我是一个在长江上的风风雨雨里捕鱼40多年的渔民。"程家祖祖辈辈都是渔民，从小依江而生的程友清对长江有着别样深厚的眷恋之情。

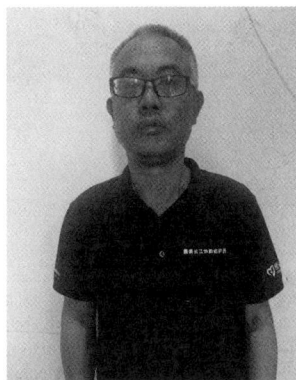

长江十年禁渔，渔民们退捕上岸另谋生路，作为家中顶梁柱，程友清一时也为将来的生计发起了愁。"除了捕鱼我真的什么也不会啊。我和很多渔民一样都有些难以接受。但经过渔政部门细致的讲解和宣传，再想想这20多年长江当涂段出现的变化，我慢慢理解了国家出台禁渔政策的原因。如果再不禁渔，长江里原有的很多鱼，我们的子孙后代可能以后在长江里都看不到了。"这样的思考，为程友清成为一名优秀的护鱼员奠定了思想基础。

2019年下半年，当地退捕渔民转产就业带头人刘凯牵头组建了当涂县渔业资源保护协会，程友清第一时间响应加入，成为长江上最早的一批转捕为护的护鱼志愿者。后来，经当涂县农业农村局的审批，程友清和其他队友一起通过考核成为专职协助巡护员，继续在长江上发光发热，真正做到了发挥退捕渔民的"余热"。

一、口口相传，每一句都有意义

在巡护的征程中，程友清的双肩承载着重担。一方面，他们要仔细巡查长江沿线，不放过任何一个可能存在违法捕捞行为的角落；另一方面，协助渔政部门做好禁渔宣传工作，更是他们义不容辞的责任。

"死不悔改就死盯，一天不悔改就一天天盯，盯到悔改为止；没压力就没动力，不给其施压，何以得成效。"这是当涂县渔政协助巡护队禁渔宣传的坚决态度和一贯践行的原则。巡护队经常组织法律法规普及、宣传车游行、环保进学校等活动，通过全方面、多角度的传播渠道使长江大保护意识深入其心，也影响很多人参与其中。

"什么地方是禁捕区，什么地方是非禁捕区，什么地方可以休闲垂钓，什么工具不能用，大家都得知道。"说起这些禁渔知识，程友清如数家珍。每当遇到违规垂钓者，他总是第一时间上前劝阻，如果对方不知道这里是禁渔区，他就会仔细讲述当地的禁捕实例，让违规垂钓的人在没有收获渔获物的情况下思想上总是"收获满满"。若是对方执意想要钓鱼，程友清也会告诉对方在哪里可以进行"一人一竿一钩一线"的休闲垂钓。

在禁捕护鱼的艰巨任务中，程友清强调宣传工作的重要性，他认为充分的宣传和耐心的劝导是关键。必须清晰、透彻地向民众阐述禁渔的道理和深远意义，让理解成为行动的基石。

然而，巡护的事并非一帆风顺，程友清和他的队友们时常会面临退捕渔民的不理解。那些不堪入耳的言语，如箭般射来。更有甚者，气势汹汹地指着巡护员的鼻子破口大骂。程友清和队友们心中虽有委屈，也只是打碎牙往肚子里咽，他们明白，作为巡护员不能以暴制暴，而是要通过持续、理性的沟通，逐步引导渔民认识到禁渔的价值与长远利益。他们采取"以理服人，以情感人"的策略，耐心劝导，对于劝导后仍然会非法捕捞的人，巡护员们会协助渔政部门坚决予以打击。

在巡护队员长达几年的努力下，当地民众逐渐有所改变，形成了对长江资源保护的共识，更有群众主动报名成为志愿者加入保护长江的队伍中来。在阳光明媚的日子里，江边游人如织，他们不仅享受自然风光，还乐于与巡护员交流禁捕话题，合影留念，同时，巡护员们也乐于分享禁捕工作的点点滴滴，讲述那些感人至深的保护故事。这些互动不仅让游客对禁渔工作有了更直观、更深刻的认识，也让禁捕保护的理念更加深入人心。

二、守护家园，保卫大自然的生灵

程友清所在的协助巡护队由 16 名队员组成，日夜守护在长江当涂段。长江当涂段有 80 多千米的岸线，这片水域地形复杂，许多地段交通不便，无法到达江滩深处，这给巡护工作带来了诸多不便。此外，沿岸居民和外来人员较多，渔情水情异常多变，更增添了巡护的难度。几年来，巡护队平均每年发现违规违法捕捞 20 多起，移交渔政和司法部门立案查处数起。

2024 年 6 月的一个傍晚，当程友清一行人前往滩涂巡逻时，竟遭遇了人为设置的危险陷阱——路面上布满了铁丝焊制的尖锐铁钩和钉子，前方还横亘着一根对准人体要害部位的拦截铁丝。若非及时发现，后果不堪设想。后来查了很久也没查到是谁设置的，但是程友清和巡护员们知道这是针对他们的，因为除了非法捕捞的人，只有他们巡护员会来这里。

2022 年初秋时节，大雁、天鹅等保护鸟类如同归家的游子般飞回长江当涂段江心洲栖息。程友清和队员们在巡逻时，偶然听到了一阵不同寻常的声响，顺声音看去，他们发现一只珍稀的皖鸟被线缠绕困住，程友清招呼队员们轻手轻脚地小心靠近，不要惊吓到这脆弱的生命。程友清仔细把鸟身上缠绕的线都清理干净，又检查了小鸟没有受伤以后才和队员安心地继续巡护。

"长江禁渔政策的实施，对于保护长江鱼类、江豚、中华鲟等濒危物种来说，是至关重要的。"程友清如是讲到。随着保护力度的加强，长江鱼类资源逐渐恢复，鱼群数量增多，生物多样性日益丰富。据程友清观察，自2019年禁渔以来，长江水质显著改善，水体更加清澈，生态系统正逐步走向良性循环。如今，他们在日常巡护中，经常能见到鱼群和江豚的身影，有时甚至一天之内就能在不同的地方看到两三群江豚在自由快乐地捕食。

三、有勇有谋，协力开创新局面

4月，是春意盎然、万物蓬勃生长之际，是江中鱼儿繁盛之时，也是非法捕钓者猖狂之时。

2024年4月，在当涂县的江头禁捕区域，一名非法锚鱼者被程友清发现，他立即报告了渔政部门，因为他知道锚鱼因其严重性会被定性为刑事案件。锚鱼的捕捞方式很特殊，使用像船锚一样的钩子，在水中拖拽。和普通的钓鱼的"鱼找（咬）钩"的原理不一样，锚鱼是"钩（刺）找鱼"，因此在拖拽的过程中可能对大鱼、江豚等造成伤害。程友清和队友发现他以后，快速拍照取证，程友清发现他的渔获物很多，后来渔政部门赶到以后将他带到派出所处理，称重渔获物竟然有41千克。最后该男子被刑事拘留了十多天，还被罚款。这一事件无疑为所有潜在的非法捕捞者敲响了警钟。近年来，由于长江渔业资源的持续恢复，肉眼可见的长江里的鱼多了，有些企图非法捕捞的人又开始蠢蠢欲动，而当他们知道4月这个锚鱼的人被刑事处罚了之后都变得"老实"了。这样看来，对于重大案件的及时处理与宣传也起到了"杀鸡儆猴"的作用。

这支由 16 名平均年龄 55 岁的队员组成的协助巡护队，沟通协作成为日常工作的重要一环。在护鱼队中，程友清扮演着一个斡旋的角色，他总能巧妙地调解队员间的小矛盾，促进团队的和谐与协作。平日里午休时，程友清不仅耐心解答队员们的疑惑，还经常在午休时分享长江十年禁渔的深远意义，激励大家为子孙后代留下宝贵的自然资源。他说："我们做协助巡护员并不是为某一个人，而是共同为子孙后代有资源可用，既然选择了成为巡护员，能做到的就尽职尽责去做，如果真有做不到的，我们尽力了就行了，不要太计较。"

犹记一次巡护派巡任务，人员分成了三组，作为队长的程友清安排 A组到近水域，让 B组到远水域，让 C组完成其他部分任务。队员们有时会认为自己分到的是困难的工作，别人分到的是简单的，心里产生不平衡。在这个时候，程友清总会这么说："我们在一起工作，相聚即是缘分，为何不能相互理解呢，都是上了年纪的人，有事情找队长，我来给你们解决。心里不要有疙瘩，有话当面讲清楚就好了。"

程友清认为，组内之所以有矛盾产生，也是因为大家都想把禁捕工作做好，只是个人有个人的想法和态度，需要"求同存异"，好好解决问题，共商行之有效的方式方法。

程友清言辞恳切，对于未来的禁捕工作者表达了自己的深情寄语：一要坚守底线，杜绝监守自盗；二要提升认识，深刻理解禁捕工作的意义；三要身体力行，脚踏实地，勤勉不怠。他承诺，将一如既往，全力以赴，守护好这片水域的生态平衡，让青山绿水成为我们永恒的家园。

徐勇（湖北）：勇担责守护长江，录影像保卫生灵

徐勇，1991年出生，现在是湖北省洪湖市的渔政协助巡护员。作为土生土长的洪湖人，徐勇对这片土地抱有深厚的情感："从小，我就生活在长江边，看着江水滋养着我们的土地，感觉特别亲切。我的父母都是勤劳的农民，他们一直教育我要珍惜和保护我们的自然环境。"

2012年，徐勇从海军部队退伍后，一直在洪湖当地工作，当得知长江协助巡护员的招募信息时，他毫不犹豫地提交了申请，经过层层严格选拔最终成为一名长江协助巡护员。他以深厚的家乡情怀为动力，通过线上线下结合的创新宣传方式，有效提升了村民对长江禁渔政策的认知与支持，推动了长江生态保护工作，成为守护家乡母亲河的典范。

一、宣传教育做先手，守护家乡母亲河

徐勇的护鱼之路源于他对家乡的热爱。洪湖市燕窝镇是长江之畔的一个小镇，村民们世代依水而居，与长江的命运紧密相连。因此，徐勇常说："我们祖祖辈辈生活在长江边，一直在向长江索取，在索取的同时我们也要保护好长江。"

从燕窝镇到新滩镇，这条巡护路线跨越了多个重点水域和码头，徐勇

与政府禁捕办渔政工作人员一起，承担着这 50 多千米的巡查任务。洪湖区域的巡查和禁渔工作跟其他地方相比有一些不同。因为长江新滩口到螺山段是国家级白鱀豚自然保护区，这里的巡护工作意义更加重大，重点区域更多，要确保这些珍稀物种的栖息地不受到破坏，工作强度和巡查压力也更大。

为了确保十年禁渔政策的顺利实施，徐勇团队特别关注那些因文化水平限制而对禁渔政策知之甚少的村民。他们投入大量时间进行宣传教育，力求让每一位村民都能理解长江十年禁渔政策的重要性和重大意义。对于首次违反"一人一竿一线一钩"要求的垂钓者，以批评教育为主；而一旦发现使用活饵或禁用渔具的严重违规行为，则立即取证并上报给渔政部门进行严肃处理。同时，禁渔区域范围大、点多面广的特点给宣传和教育工作也带来了很大的困难。鉴于部分村民对禁渔政策认知不足，徐勇团队在巡查过程中始终不忘加强宣传教育工作，希望提升村民的环保意识和配合度。他们深知，保护生态环境不仅是制止违规行为，更在于积极参与构建和谐的生态环境。

禁渔宣传难度最大的在于转变村民们长期形成的捕鱼习惯与固有观念。为此，徐勇和同事们不辞辛劳，走村入户、反复宣讲，力求通过有效沟通与持续教育，让禁渔理念深入人心，赢得村民的理解与支持，从观念上真正接受和支持长江的保护工作。在禁钓区域，团队更是采取多种手段加大宣传力度。他们不仅在长江沿岸、码头及村庄醒目位置张贴宣传海报与标语，还利用村委会的广播系统，定期播放禁钓信息，确保信息覆盖无

死角。此外，他们还组织村民座谈会，进行面对面的政策法规讲解，并通过与学校的合作，走进中小学开展禁渔宣传，小手拉大手，通过培养年轻一代的环保意识，形成家人一起参与保护的良好氛围。

"作为土生土长的燕窝人，我了解这里的每一条河流、每一个湖泊，这份工作不仅是我的职责，更是我对家乡的承诺。"徐勇的话语中充满了对家乡的热爱与对未来的期许。

二、禁渔宣传成效足，社区亲友皆参与

随着日复一日的努力，有不少人因为徐勇和队友们的宣传而改变了对长江禁渔的看法。有一次在村里进行宣传时，徐勇遇到了一位老渔民，老渔民说起初他对禁渔政策十分不认同，因为直接威胁到了他的生计。然而，在徐勇细致入微地阐述长江生态的退化、渔业资源的枯竭以及保护长江对子孙后代的重要性后，他彻底醒悟，最终不仅放下了渔网，还自愿加入了宣传队伍，自发地向邻里宣传"要给子孙后代留一条有生命力的长江"。这一幕深深触动了徐勇，更加激发了他坚持宣传禁渔的决心，他坚定地说："看到大家逐渐意识到保护长江生态环境的重要性，我觉得我们的努力是有意义的。"

徐勇和队友们的工作不仅在环保层面上取得了实际效果，更在促进社区和谐、增强社区的凝聚力、推动社会进步等方面发挥了积极作用。他们积极与村委会、学校等合作，共同策划并实施了多项环保活动，如河岸垃圾清理活动、环保知识讲座进校园进社区，这些活动吸引了社区成员的广泛参与，不仅极大地促进了社区内部的团结协作，还使大家在实际行动中认识到保护长江的重要性，形成了一种保护家园的共识。

徐勇及其团队通过一系列透明化、接地气的宣传与实际行动，向公众展示了政策的执行过程和已经产生的良好效果，极大地增强了公众对政策的信任与信心。这种理解和支持，进一步帮助政策得到更好的实施，形成了良性循环，推动着长江保护事业不断向前发展。随着宣传力度的加大和环保知识的普及，越来越多的村民开始深层次理解禁渔政策的重要意义。以前有些村民因为不了解政策而冒险偷捕，现在他们不仅不再进行捕捞，还主动向巡护队举报违规行为。在渔政部门和协助巡护队的共同努力下，

人们对环境保护有了日益增强的责任感与使命感。

徐勇的家人深知他与长江之间那份自幼培养的深厚情感，因此更加能够理解并尊重他选择协助巡护员这份职业的初衷，他们为徐勇能够投身到这一崇高事业中感到无比自豪，全力地支持他的工作，解除了他的后顾之忧。徐勇妻子怀孕期间，都是徐勇的父母在照顾，老两口说："保护长江不仅是我们这一代人，更是'为子孙计，为长远谋'的重要使命。"他们让徐勇放心去工作，家里有他们为他做后盾。

徐勇的朋友们一开始知道徐勇当了巡护员以后都为他放弃原来的工作而感到可惜，但是慢慢了解徐勇的工作以后，看到长江的环境慢慢变好以后也慢慢理解了。他们知道，正是因为渔政执法人员和协助巡护员们的不懈努力，才使得更多人开始意识到长江保护的重要性。这份来自家人和朋友的支持与帮助，无疑为徐勇的工作注入了更多的动力与信心。徐勇很感激家人朋友的支持，他说："无论是家人还是朋友，他们都对我的工作给予了很大的鼓励，这也让我在工作中有了更多的动力和信心。"

三、巧用新媒体平台，线上线下两步走

徐勇和同事们运用抖音等新媒体平台发布短视频，视频的内容包括记录协助巡护员的日常工作，传播长江保护与禁渔的相关政策，以及科普长江豚等珍稀水生生物的知识。短视频形式新颖、易于传播，使观众在轻松愉快的氛围中增强了对长江生态保护的关注度。这些努力取得了显著的成效。徐勇的抖音账号"小勇哥"已经运营了半年多，账号视频的总浏览量

已经超过了 1 000 万次，单个作品的最高浏览量达到了 200 多万次。这些宣传举措极大地提升了公众对长江禁渔工作重要性的认识，赢得了社会各界的广泛支持与共鸣。"利用抖音宣传，我们不仅能提高公众对长江保护的意识，还能动员更多人参与到保护长江的行动中来。"徐勇制作发布的短视频收获了大量正面反馈，不少观众纷纷留言表达支持，并主动询问如何参加长江保护行动。

谈及运用新媒体平台进行宣传的初衷，徐勇说："当初我想到用抖音，是因为我发现传统的宣传方式效果有限，很多人对长江保护和禁渔政策的了解还是不够深入。抖音作为一个流行的社交媒体平台，拥有非常大的用户群体，老人小孩都在看。我觉得这是一个很好的机会，通过新媒体平台可以更快速、广泛地传播我们的禁渔信息和环保知识。"

徐勇采取巡护与宣教并行的方式，不仅成功劝退并教育了超过一百名潜在违规者，还移送了十余名违规捕捞人员给渔政部门处理。这些行动从多个维度展现了团队的决心与成效，他们的努力极大地提升了社会各界对环境保护的关注度，并激发了公众对长江生态保护更为强烈的意识与责任感。

"作为协助巡护员，这份工作不仅让我能为环境保护做出实际贡献，还让我成长为一个更有责任感和使命感的人。我对这份工作充满了热情和敬意，并愿意继续为长江的保护和可持续发展而努力。"徐勇深知保护长江与环境的重要性，这对他而言，不仅仅是一份职业，而且是一份沉甸甸的责任与使命。

翟宗枫（湖北）：汉江女杰护清流，忠守使命夜不寐

翟宗枫，1988年出生，现在是湖北省十堰市郧西县的渔政协助巡护员。她的故事，始于一次与钓鱼朋友的偶然交流，当她得知钓鱼的水域时间等都有严格的规定时，她的好奇心被激发，开始主动了解这些相关信息。深入了解情况后，她对长江流域生态环境的现状产生了深深的担忧，这份担忧如同一颗种子，在她的心中生根发芽，促使她在看到十堰市郧西县农业农村局招聘巡护员的公告时，毫不犹豫地报了名，决心投身于生态保护的事业。

巡护员的工作，对于翟宗枫来说，既是挑战也是机遇。作为团队中为数不多的女性，她面临着许多男性同事不会遇到的困难，无论是身体上的疲惫，还是心理上的压力，都考验着她的意志与决心。她秉持着细致认真的态度做好巡护工作中的每一个细节，累计巡河超8 000千米，为汉江生态保护筑起坚实防线。面对挑战，她以耐心细致的工作方法和坚韧不拔的精神，赢得了群众的理解与支持，展现了女性在生态保护领域的卓越贡献。

一、兢兢业业，守护汉江

作为一名协助巡护员，翟宗枫的职责就是巡护汉江和天河（郧西县城

观音天河口段）重点水域。自成为协助巡护员以来，无论是在烈日炙烤下的江畔，还是在夜色深沉的水边，她都不辞辛劳地坚持用脚步丈量着每一寸土地，用眼睛捕捉着每一个细节。江水的奔腾，江风的呼啸，已经成为她生活的背景音。

翟宗枫的日常工作，不仅仅是简单的巡河，更是一场协助渔政部门打击非法捕捞与违规垂钓行为的持久战。她每天都要仔细检查水域，确保没有非法捕捞或破坏环境的行为。发现有人违规捕鱼、垂钓后，她会及时拍照取证，制止违规垂钓行为，同时向渔政执法部门报告涉渔违法线索，配合渔政执法人员开展日常巡护和禁捕宣传工作。除此之外，她还会每天自发地清理江边的垃圾，希望能营造一个良好的生活环境。

面对违规垂钓者，她总是耐心劝导，讲解保护生态环境的重要性，她的坚持与努力，逐渐改变了人们的观念，让更多的人意识到保护水资源的重要性。在一年多的时间里，翟宗枫累计巡河里程达到了惊人的 8 000 余千米，她清理了各种网具、钓具 700 余副，劝导违规垂钓人员 1 500 余人次。她的行动，就像一道无形的屏障，保护着汉江的清澈与宁静。

到目前为止，她报告的涉渔违法线索多达 115 条，协助办理涉渔案件50 余件。遇到突发情况，需要出任务的时候，她常常通宵蹲守，配合渔政执法人员开展日常巡河和夜间突击行动 30 余次。每一次的报告，都可能成为打击非法捕捞行为的关键线索；每一次的协助，都为恢复水域生态平衡贡献了力量。

经过一年多的辛勤工作和不断学习，翟宗枫从一名对长江十年禁渔工作一知半解的"门外汉"，蜕变成了一位守护美丽汉江的"内行人"。她时

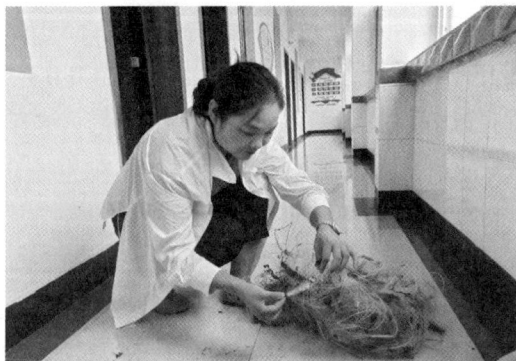

刻牢记肩上的责任，她始终坚守在自己的岗位上，无论风雨、无论寒暑，都以满腔的热情和坚定的信念守护着美丽的汉江，推动长江十年禁渔工作的开展，有效保护了汉江水生生物恢复和水环境，确保一江清水永续北送，她在平凡的岗位上演绎了非凡的人生。

二、学习创新，立足宣传

作为一名协助巡护员，翟宗枫深知，要做好这份工作，不仅要有一线工作的实战能力，更要有扎实的法律知识和对相关政策的学习掌握，才能在日常巡护工作中游刃有余。于是，她努力提升自己，积极学习法律政策和生态保护的相关知识。一开始，与同事们一同出勤时，因为不了解法律法规，她便不开口，而是默默地看同事们的表现，事后向同事询问细则，然后记在心里。每一次能够学习交流的机会她都不错过，协助执法大队和公安机关办案时，她会通过实地的观察和学习总结要点，细心地记录下相关知识。渔政部门印发的资料翟宗枫看了一遍又一遍，还觉得有不足之处，工作之余又抽时间自己学习网课，三四个月过后，她已经能够熟练掌握各种相关理论知识了。

如今的她不仅熟记长江十年禁渔的相关政策，更是将《中华人民共和国长江保护法》《中华人民共和国渔业法》《中华人民共和国渔业法实施细则》《农业农村部关于发布长江流域重点水域禁用渔具名录的通告》等法规政策深深烙印在心中。通过深入学习这些文件，她掌握了禁渔时间、禁钓区分布等关键信息，对哪种垂钓行为违法、哪些渔具属于禁用渔具了如指掌。这使得她在日常巡护工作中不露怯、不露短、有章法，并且在与垂钓人员的交流中，有底气、有自信，展现了渔政协助巡护员的高素质和专业能力。

作为协助巡护员，翟宗枫深知自己是在外行走、向外输出的角色，不仅是行走的协助执法者，更是政策的传播者。她总是随身携带《禁渔通告》《禁用渔具名录》《禁渔宣传手册》等资料，随时准备为群众答疑解惑，她用通俗易懂的语言，耐心讲解禁渔知识。她还擅长运用以案释法的方式，通过生动的故事，让群众在轻松的氛围中深化对政策的理解，同时感受到法律的警醒与震慑。

在宣传普法的道路上，翟宗枫跟随渔政执法人员深入社区，走到群众中去，成为连接政策与群众的桥梁。她深知，只有持之以恒、坚持不懈地进行长江大保护宣传工作，才能让法律法规和禁渔政策深入人心，让更多的群众成为保护生态环境的行动者。

在过去的一年多时间里，翟宗枫共发放十年禁渔宣传资料 6 300 余份，开展现场以案释法讲解 40 多次，宣传覆盖人数达 2 100 余人，协助张贴《禁渔通告》300 份，悬挂禁渔横幅 130 条。她的努力，不仅提升了群众对禁渔政策的知晓度，更在潜移默化中，增强了人们对生态环境保护的意识和责任感。

三、巾帼豪杰，不让须眉

翟宗枫所处区域的巡护员一共有 21 人，但女同志只有 2 人，翟宗枫充分发挥了女同志性格中耐心细致、体贴他人的一面。在协助渔政部门执法过程中，总会遇到一些思想顽固的捕鱼人，他们并不认为自己捕鱼是错误的行为，常常与巡护人员起争执。这时，翟宗枫总是在一旁耐心劝导，她善于从群众角度来分析群众思想，常常经过长时间的劝导后这些非法捕捞的人都会认识到自己的错误，她过往的工作经验也为她积累了不少调解群众矛盾的妙招。

翟宗枫认为："我们平时出去巡河需要注意工作方式方法，人性化解决问题，做群众的思想工作，就要用群众的办法处理，要去理解他的所思所想。遇到脾气不好的，工作不好做的，就和同事分工协作，唱红脸的和唱白脸的必须配合到位，这样干起工作来就相对轻松高效些。"就用这种方法，翟宗枫解决了许多难题，逐渐地，一些顽固的捕鱼人也开始慢慢接受了翟宗枫的劝诫，甚至还开始自发地去帮助巡护人员进行护鱼和宣传的工作，每每想到这种情景，翟宗枫内心都感到无比的自豪和欣慰。

翟宗枫的日常巡护执勤工作一般是和同事一起。但在发现违法捕捞的线索时，她会自己先进行观察，往往要经过连续好几天的蹲守，她才能摸清捕鱼人的作息与习惯。得到确切信息后，便立马去通知执法大队和公安机关来进行抓捕，她知道，如果不能一击即中，他们后面还会来违法捕捞，这样的实质性抓捕行动，也会给其他有捕捞想法的人带来震慑，让他们不敢随意突破法律底线。

有时为了执行任务，翟宗枫往往要深夜才能归家，作为母亲的她，总没空陪伴自己的孩子，既不能像别人的妈妈一样天天去接孩子放学，也不能在家里辅导女儿写作业，对此她总感到十分内疚。但对她来说，既然选择了这样一份工作，就要把它做好。

很多时候，翟宗枫也曾有过想放弃的想法，比如户外执勤暴晒在太阳之下的时候，比如被不理解政策的群众辱骂的时候，比如没时间陪伴家人的时候……但她每次犹豫过后，仍会坚定地选择她现在的事业，因为这是能造福万民的事业，也是她热爱的事业。

2024年8月15日全国生态日来临之际，中共中央总书记、国家主席、中央军委主席习近平给湖北十堰丹江口库区的环保志愿者回信，对他们予以亲切的勉励，并向全国的生态环境保护工作者、志愿者致以诚挚问候。这无疑是对十堰千百位"翟宗枫"们最大的褒奖。在"巡河宝"小程序上，湖北省十堰市的志愿者们也在开展着河流保护的行动。从2021年以来，共有22个团队动员508名志愿者开展66场净滩行动，清理垃圾1 222千克，累计贡献261公益时；开展河流巡护1 130次，累计565公益时；开展河流测评441次，累计220.5公益时。目前，长江禁渔已进入第四个年头，禁渔成果已逐步显现。青山绿水的背后，我们不能忘记生态守护者们的默默坚守。

刘坦(湖北)：发动乡亲共护鱼，90 后碧水蓝天梦

刘坦，1990 年出生，现为湖北省十堰市竹山县的渔政协助巡护员。他从小就与湖泊为伴，对碧水蓝天充满热爱。作为一名基层党员，面对日益严峻的水域环境问题，他毅然加入渔政协助巡护队伍，用行动守护着家乡的碧水清波，为建设生态文明贡献力量。

一、护水有责，90 后也是中流砥柱

如果将竹山县如卷轴般打开，你会看到由尖山河、县河、苦桃河、深河、北星河、洪坪河、霍河等支流组成的堵河，纵贯竹山全境，646 条大小河流，2 740.7 千米的总长度，还有堵河鳜国家级水产种质资源保护区、圣水湖黄颡鱼国家级水产种质资源保护区和堵河龙背湾多鳞白甲鱼国家级水产种质资源保护区。2021 年竹山县开始退捕禁捕，渔民转产上岸，县农业农村局发布公告招聘协助巡护人员。当地的退捕渔民优先，当然也接受其他人员报名。报名截止的前一天，负责招聘的县农业综合支队的副支队长看着报名材料心里犯起了嘀咕，报名情况倒是挺好的，很多人都有热情，但是大多数人都是四五十岁的，他深知在如今的新媒体时代，开展禁捕工作也是多战线的，也需要线上宣传，要是能有一两个年轻人报名该多好呀。年轻人学习新媒体等技能学得快，但是回过头想想，巡护队这工资水平对于年轻人确实没有什么吸引力，就

是年轻人口里说的那种"钱少事多离家远"的工作。

刘坦从小生活在竹山的一个美丽的湖泊旁边，湖水清澈、鱼翔浅底，带给刘坦童年很多欢乐。后来随着大建设大开发，湖里的美景不再，湖里的鱼也差点被捕光了。高中外出上学的刘坦再回到这里几乎都认不出来了，关于童年美好回忆中的景象都不在，那时他的心中很难受，很想做点什么，但是生活所迫一直一步一步往前走，不敢停下脚步。2021 年的时候刘坦已经成家立业，虽然生活不算富裕但通过小两口的努力，日子也过得越来越好。

刘坦看到协助巡护员的招聘公告的时候，内心的波澜泛起，心里想着实现年少时的梦想，这是不是机会？刘坦详细咨询和了解了协助巡护员的工作内容等细节，越了解越觉得这就是自己年少时要去做的事情。毕竟现在已经成家，刘坦很想当场就报名，但还是回家和夫人郑重地商量这事。夫人从来没有见过刘坦对于一件事情这么执着，很久之后她回忆说：他当时讲这件事的时候，眼睛里都是光，兴奋得像个孩子。然而现实问题是，刘坦当了巡护员以后家里的店铺谁来照顾，毕竟这是家庭收入的主要来源，巡护员的工资根本支持不了这个即将四口人的小家庭。夫人知道这是刘坦的梦想，仔细思考了一夜，郑重地告诉刘坦：去报名吧，家里还有我呢。

报名截止的最后一天，刘坦交了协助巡护员的申请表。副支队长看到终于有年轻人报名了，十分高兴。考核、面试、体检，经过一个多月的流程，2021年 3 月，刘坦终于成了一名正式的渔政协助巡护员。他深知这份工作的责任重大，为了更好地履行职责，他积极参加各类培训，学习相关法律法规和专业知识，不断提升自己的业务能力。同时，他也积极向转产的渔民学习，了解以前捕鱼的一些风俗习惯以及历史上的渔业资源分布。刘坦的工作内容很多，除了日常巡护之外，他还肩负着队伍的宣传工作，发抖音、写通讯稿；因为自己钻研过机械维修，有时候巡护船只有什么小问题，刘坦也自己动手维修。

二、高效巡护，90 后有自己的"土方法"

一天晚上，刘坦像往常一样进行夜间巡护，涉及保护区的水域，他总是多看看、多跑跑。转第一圈时没发现什么，又看了一圈，看到岸边的草地上有几个黑影，远远的看不清楚，应该是人影。刘坦心想这么晚了，谁在水边干什么，别不小心掉水里了，去看看。刘坦走近一看，三个青年男性有点躲躲闪闪蹲在草丛里，看起来还很紧张。刘坦和他们打招呼，问他们这么晚了还在河边干什么。三个人只说了句没事在河边吹吹风。那又不是夏天，这是个深秋的夜晚，河边的风吹到人身上都直打哆嗦。刘坦劝三个人早点回家别冻生病了，三个人起身还有点不舍得走。刘坦一直觉得很奇怪，往四周偷偷地看，忽然看到几十米远的河里有荧光，他知道那是夜钓的浮漂。刘坦和同事快步走上前去，果然在草丛里找到了鱼竿，还有插在河边的鱼护，里面还有不少渔获物。刘坦问这三个人鱼竿是谁的，三人连忙摆手否认，说不知道，他们也是刚来到这里。刘坦心里知道，鱼竿可能就是这三个人的，只是他们不承认。刘坦和同事将渔获物放生，拍照取证以后做好记录，把鱼竿和其他辅助工具带回支队存档保存。刘坦见三个人仍不走，又问了一遍鱼竿是不是他们的，这回三个人头摇得像拨浪鼓一样。刘坦和三人又讲了新的禁捕政策，在国家级保护区内垂钓可能将面临刑罚等才离开。

这件事情后来刘坦在巡护队开会的时候和队友一起讨论过，三个人不承认也没有办法，需要有实实在在的证据才行。刘坦心想要想办法解决这事。有一回，刘坦微信上收到了一个朋友发来的消息：有人在保护区偏僻处可能使用禁用的方法进行垂钓，有现场照片，但是照片拍得远也拍得不清楚。刘坦赶紧找来渔政人员一起看监控，果然能看清楚垂钓人的脸，迅速取证，然后与同事赶到现场将涉嫌违法人员和相关物证带到执法大队等待处理。

这让刘坦意识到，需要有更多的"线人"。有人举报再加上高清视频这些高科技才能提高效率，要"人防技防物防"并重。从此以后，刘坦在巡护的路上见到经常在河边散步的人，在河边务工做生意的人总是会去主动聊几句，慢慢聊熟了就加微信，请他们发现有捕鱼或违规垂钓的及时拍照以后发给自己。一天一天的积累，刘坦逐渐积累起来了一个涉及各行各业的"线人"网络，当然这些人是对外保密的，只有刘坦知道。这个"线人"网络在以后的打击非法捕捞工作中提供了很多有效的信息，协助渔政部门办了很多棘手的案子。

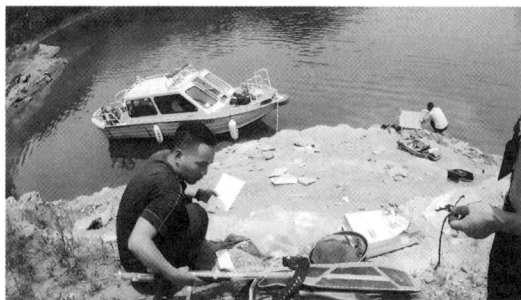

三、线上线下，90后的禁渔宣传策略

刘坦自己平时空闲的时候也喜欢看看抖音，他也发现身边的人从七八十岁的老年人到十几岁的青少年都在用抖音，都在接收着抖音上信息的精准推送。于是刘坦在大队领导的支持和同事们的帮助下创建并独自运营"竹山农业综合执法大队"抖音官方账号，利用闲暇时间学习剪辑；及时更新发布关于农业执法和长江禁渔的短视频，内容涵盖了保护区的美丽景象、珍稀鱼类的故事、农业政策法规以及查获办理的非法捕捞案件，每一条视频都饱含深意、引人入胜。通过这些生动的影像，刘坦不仅向广大网友传递了保护长江生态的重要性，还激发了更多人的环保意识。他的努力逐渐获得了广泛关注，很多人也开始转发他的抖音，让当地很多人从抖音上看到了生态保护的宣传，同时也点赞支持。很多新的政策通过抖音也可以快速地传播到普通公众中去，打通了传播的"最后一公里"问题。

刘坦平时也会和其他的协助巡护员分享制作抖音短视频的技巧和方法等，也鼓励其他的协助巡护员制作反映巡护工作内容的短视频发布。慢慢地，队伍中的很多人都会发抖音视频了。刘坦想这只是在民间自媒体的传播，还需要在官方的媒体上多出现禁捕和巡护的工作才行。每次禁渔专项行动或者一些经典案例侦办之后，刘坦总是会写成新闻稿，加上图片以后向媒体投稿，虽然不是每一篇都会被采录，但是慢慢积累下来也有很多媒体上出现了反映竹山县禁渔和河流保护等方面工作的报道。

考虑到在县城光靠线上宣传还有一定的局限性，刘坦和队友又开展了一系列的线下宣传。到中小学进行生态保护宣讲，深入到各个涉水城镇居民区去分发传单、张贴公告。在这些活动中，刘坦和队友们总是会向社区居民深入讲解长江禁渔政策的意义，通过图片和视频展示非法捕鱼对生态平衡的破坏，强调保护长江生态对于子孙后代的重要性。刘坦自学鱼类相关知识，在中小学的班会和主题团日活动中通过生动活泼的方式向中小学生讲解一系列相关的科学知识，建议学生们从小培养良好的环保行为习惯，同时小手拉大手，学生们回家以后向家长讲述长江生态保护的重要性，倡导家长也养成良好的环保习惯。

刘坦，90后协助巡护员，在工作中善于创新，巧妙借力，发挥90后的优势和特长，使用看似简单的方法却发挥了重大作用。他相信，只要每个人都行动起来，就一定能够守护好我们的碧水蓝天，让子孙后代生活在美好的环境中。

张柒星（湖北）：巡江劝导守安宁，保卫江河护生命

张柒星，1975 年出生，现在是湖北省钟祥市的渔政协助巡护员。2021 年，张柒星带头退捕成为协助巡护员并劝导他人。几年来，张柒星面对复杂水域，他智慧劝导夜钓高考生，保障安全；洪水期间，他带领队员昼夜坚守，确保民众生命安全；更在关键时刻，不顾个人安危，英勇救起溺水少年，展现了护鱼员的责任与担当。张柒星说："住在汉江边，从小在父辈的影响下学习捕鱼，从 18 岁不到开始打鱼，差不多有 20 余年的捕鱼经历。靠水吃水了这么多年，对汉江水还是有感情，割舍不了。"

一、退捕上岸，老渔民新生活

《诗经》中最早传唱出对汉江的描绘："汉之广矣，不可泳思。江之永矣，不可方思。"诗中，主人公面对浩渺的江水，唱出了这首动人的歌曲，倾吐了满怀的惆怅与愁绪。

汉江，作为长江的主要支流，亦是周边人民赖以生存的母亲河，滋养着无数的生命。江边的渔民"靠水吃水"，依赖捕鱼为生，"夕阳长送钓船归"的日子当时只道是寻常，可资源若不加以节制，过度捕捞，到头来终有竭泽而渔的那天，只留下无尽的悔恨。

从前汉江河里的鱼可谓是应有尽有，渔民们在汉江河捕捞每日都会有种满载而归的幸福感，一天一船就能捕捞到50千克左右的鱼，停泊在汉江边有大小几百条渔船。1990年后，在很多地方渔民都陆续出现撒网下而全无收获的情况。

在2019年之前国家就曾提出过禁渔政策，要为以后的子孙后代留下可利用的资源。一开始各种违法捕捞的人比较多，大多数还没意识到事情的严重性。张柒星表示自己也蛮感慨："当时说禁渔，可我们这一带沿汉江河水有几百条渔船，很难。有一天像平常一般去捕鱼，把电灯打开后，看到那些鱼很瘦小，就像人没有精神一样，鱼像生病了一般。"张柒星想这可能和渔民过度捕捞有关系，那时就开始思考如何改善。后来国家大力提倡鼓励退捕，张柒星就毫不犹豫上岸了，同时带头鼓励洋梓镇渔民一起上岸，让大家意识到长江渔业及生态保护的目的和意义。在他的带领和呼吁下，很多渔民们都是在2019年的时候就上岸了。

湖北钟祥江段是汉江沿江县市中流经距离最长的，全长达到了144千米，约占汉江全长的1/10。张柒星他们巡护中所管辖的水域范围上游从宜昌东山，下游至黄庄老渡河，约40千米，很多地方都十分熟悉。渔民们多数都在河边过了一辈子，刚开始，忽然上岸了不习惯，加之家离河边近，多数便抱有这样的想法：既然白天不让捕，那就晚上偷摸的来偷鱼；下点网啊，弄点鱼吃一下啊，应该没事。但是，每次即使是在夜晚放网捕捞也都会被渔政人员和巡护队抓到，让很多退捕渔民"恨透了"协助巡护员，骂他们是"叛徒"。当地政府、渔政、巡护队夜以继日在河边守护，打击任何形式的非法捕捞，沿着大街小巷、街上农户、走村串店地做宣传，让大家清楚明白违规违法捕鱼是行不通的，要及时调转才行。

2021年以来，他们累计实地宣传2 200余次，通过现场宣讲、走村串巷、发放宣传单等方式，当好普法"宣传员"。在做好巡护本职工作的同时，他们还参与办理案件111起，收缴各类违法捕捞垂钓工具725件，成了执法队伍的好帮手。

二、行则必达，万事开头难

在洋梓镇，在部分地区可允许"一人一竿一钩一线"垂钓；但在重点保护区碾盘山是常年禁渔的，发生众多违法违规钓捕问题多出于此。禁渔初见成效，汉江河里的鱼虾生物多了起来、大了许多。看到这种喜人的情况，不少住在河边的人却开始动上坏心思、歪脑筋，用不法锚竿、刺钩进行垂钓。捉住之后当场没收非法垂钓用具，在处理过程中时常发生争执，有时被发现后不但不立即停止还和协助巡护员大吵大闹。还有人家离河边近，趁夜色甚至凌晨下网，被巡护队当场捉到，如果靠着"法不责众"的思想观这次放了他，他还会有下一次，甚至他能鼓动带领更多的人来偷鱼、违规捕捞。巡护队对这种行为采取零容忍态度，一旦发现绝不姑息，以免为他人树立不良榜样。发现一次，严打一次，巡护队和渔政人员高度配合，很快扭转了局面。

江风漾起，吹起河边片片芦苇，芦苇很高很密，这里是日常巡护检查的主要路线之一，时常需要在此蹲守。通常临水有草植就有蚊虫生物等，一咬一个准儿都是常事。不同于一般其他工作，巡护队没有规律可言，大部分都在凌晨左右出动。雨后的江边，张柒星他们巡查行动时往往是泥丸弹起，溅得到处都是，雨过路滑，道路泥泞，稍有不慎就会摔倒。

在 2021 年的一天，夜色已至，江边的夜晚漆黑一片，河边高高密集的芦苇荡偶有飘扬，虽说巡护会带上手电筒，在黑暗的夜晚只是"杯水车薪"。晚上 12 点多，有人以芦苇荡为屏在对面下私网，不过一会儿，下私

145

网布置的人听到巡护队的声响，见巡护队在蹲守逮他，他立刻撂下东西就逃跑，作为队长的张柒星第一时间猛追了出去，连摔了好几跤后扭身起来再追去，最终将其控制并带到渔政部门接受处罚。当时没有太多感觉，第二天才发现身上早已是青紫肿痕遍布。"爸爸你出去巡查的时候，要尽量注意安全呀。"家中的孩子常常对张柒星叮嘱道。巡护队往往是半夜出去，凌晨两三点回来，且浑身都是泥巴，有时会有伤。家人都理解他们所做的事情是有意义的，长江大保护、保护生态平衡，功在当代，利在千秋。

进入 7 月后，是鱼产卵盛期，在洋梓镇江滩的一处浅滩，这边有一种名为"菜花鱼"的鱼类，喜在浅滩处产卵，浅滩随水而涨落，产卵后很多鱼卵、大鱼苗搁浅在水少的低水洼里的现象时有发生。据巡护员回忆，差不多五亩大的范围，产卵的鱼儿在里面满满当当的，鱼儿在产卵时随水落下。在这个关键时期，巡护队会迅速调派专人前往守护。他们行动迅速且轻柔，用手一筐筐地将搁浅的鱼卵和鱼苗装回，并放归汉江河中。张柒星调动了 5 个巡护员，整整忙活了四小时，当时累得精疲力竭，因为这些都是可长成大鱼的大鱼苗，所以要同时间赛跑。

"昔日滥捕江河忧，今朝护鱼换新颜"。护鱼几年来，这里就发生了喜人的变化。站在碾盘山水力发电站大坝上向远方眺望，有 10～15 亩大的面积，全是鱼类数量丰富的地方，河水都变为墨绿色。有的花白鲢大到20 多千克，成群结队，头连头、尾连尾。若有幸再看到产卵时的鱼儿，水面翻腾势有波澜壮阔之意，就如开水锅里煮饺子一般沸腾翻涌。

三、护鱼救人，都是贡献

在河里漂泊长大的人无一不是水性顶好的，即便是这样每年在河里溺水死亡还经常发生。而令巡护队最骄傲的事情之一就是，自从成立巡护队之后再无发生过溺水事件。

2021 年夏，正值七八月是孩子们暑假撒欢之时。一群十五六岁的孩子们在汉江边嬉戏游泳，贪恋水中清凉，但安逸与危险并存。起初制止后，孩子们表示马上离开不再游。但少年的叛逆反骨可别小瞧，等巡护员离开时，该游还是游。等张柒星等巡护员调转方向，随即突击再回来的时候，果然还有一个孩子在游泳，距离岸边约 20 多米，少年游得体力不支，身体大有向下沉之势，双手不住地用力扑腾。张柒星毫不犹豫地冲下水，将孩子救上岸后又利用在培训过程中所学急救知识，成功挽回了一条生命。而诸如此类的突发情况颇多，但在劝导与守护下，极大保护了人民群众的生命安全。

在防溺水这件事上，由8人牵头，每个人划分责任区域，实行"属地原则"，各个地方或通过线人举报，或通过小道消息，互报联络商量，大家共同守护，最大程度上避免悲剧发生。

张柒星的身影在汉江的波光中愈发坚定，他用自己的脚步丈量着这片水域，用自己的行动诠释着守护的意义。似江上的一颗明星，照亮了保护江河、呵护生命的道路。在他的感召下，越来越多的人加入巡护的队伍中，共同为汉江的安宁、为自然的和谐贡献着自己的力量。

余贤怀(陕西)：泥泞中护鱼情切，碧水间见证变迁

余贤怀，1967年出生，现在是陕西省商洛市山阳县的渔政协助巡护员。受长江十年禁渔政策的号召，2022年3月，余贤怀通过招聘考核成为一名协助巡护员，从此之后，这位老渔民就用自己的智慧和耐心在禁渔一线协助主管部门开展工作，让家乡的河流变美变好，让河边成为乡亲们愿意去纳凉的好去处。

一、特长？见识见识二十年老渔民的"耐心"

作为在转产前有二十余年经验的渔民，余贤怀对自己从小生活地区的水域了如指掌。在成为专业的协助巡护员之前，出于保护家乡水域生态的本能，他就曾自发地开展一些水生生物保护行动。例如，劝导钓鱼人放掉一些钓上来的还没长大的鱼，向渔政部门举报非法捕捞的渔民，自发捡拾河里的漂浮物等。

尽管对巡护员的工作内容较为熟悉，但真正成为巡护员后，余贤怀深感禁渔和生态保护工作的不易。余贤怀巡护的水域有些是完全禁止钓鱼的，有些是允许"一人一线一竿一钩"的生态休闲垂钓的。随着渔业资源的恢复，钓鱼的人越来越多，也包括在禁钓的水域，经常晚上偷偷钓。可以这么说，钓鱼者和渔政工作人员巡护员们打起了"游击战"。

曾经，在劝阻一位打路亚的垂钓人员时，双方发生了激烈冲突，对方甚至试图用车撞击余贤怀，差点酿成重大事故。可余贤怀依然坚守着巡护员的职责，耐心地劝导对方，和对方讲解和普及禁捕政策和相关的管理规定，不厌其烦地讲解保护的意义和对子孙后代的好处，最终成功把对方说动，对方真诚地道歉并表示以后再也不犯。余贤怀说："作为基层工作人员，遇到这种情况是很常见的事。我们要和他们讲道理，冲突根本解决不了问题。"余贤怀深知，生态保护绝非一朝一夕之功，而是一项长期的伟大事业。唯有保持足够的耐心并付出不懈的努力，方能逐步改变人们对水资源生态保护的观念，进而提升大家对自然保护的重视程度。

作为长江大保护一线的基层工作人员，余贤怀深知社会公众的力量。他向身边的村民宣传禁捕政策，耐心详细地科普禁捕所带来的积极影响。他坚信，只要大家齐心协力，农村的水质会变得更加清澈，空气会变得更加清新，如此一来，大家才能拥有舒适宜人的休闲居住环境。余贤怀想要以自己的实际行动，即使跑断腿磨破嘴也要为生态保护事业添砖加瓦，努力让家乡的山水更加美丽，让人们的生活更加美好，为子孙后代留下一片天蓝、地绿、水净的生态家园。

二、危险？淤泥也吞不了的责任心

2023 年 5 月的某一天，余贤怀如往常一样步行巡护在大堤上，当巡护到闫河河段时，他隐隐约约发现河道中间有一条地笼。地笼是禁用渔具，因为网目小，对于渔业资源伤害很大，按照渔政部门的要求，发现以后做好拍照记录，需要拉离水面并放生里面的渔获物，并需要严查是谁放的地笼。余贤怀在四周转了一圈，一来是看看有没有人在附近问一问看看能不能问出来是谁放的地笼，二来是看看从哪个地方才到河边方便把地笼拉上来。因为这个地方的河滩边上都是淤泥，上次也是不远的地方有人放地笼，余贤怀和一名同事穿着下水裤下去收地笼，两人都深陷到淤泥里面，两人怎么都爬不上来，最后还好其他巡护员及时赶到，用绳子把两人拉上来的，险些丢了性命。这回就余贤怀一个人，他想到个好办法：找来一个藤条简单地编织一下成了一条长绳子，一边拴在腰上，一边拴在岸边的树上，又找来两块方木板垫在脚下增大受力面积，这样应该不会陷下去了。余贤怀想着。

余贤怀慢慢往河边靠近，站在一块木板上，把另一块木板从泥巴里抠出来再放到前方，想着再跳到下一块木板上这样前进。但是，他还是低估了困难，第一次好不容易把木板抠出来，到了第二次就很难抠出来了，他稍微用劲脚下一滑，把脚底的木板滑出好远，另一块木板还没有抠出来，两只脚也陷到了泥里，他赶紧拉绳子，慢慢往前希望把另一块木板捡回来。这时路过的村民看到他一身泥巴在河边，知道陷到这里的泥巴里的恐怖程度，这时余贤怀已经够到了地笼，但是因为自己这边不敢使劲，一使劲身体就陷到泥里，地笼怎么也拉不上来。村民赶紧跑到河边取来防溺水的长竹竿和救生圈，又喊来几个村民，合力用竹竿拉着余贤怀，余贤怀一手拉着竹竿一手拉着地笼，就这样拉上了岸。真是惊心动魄的一幕，十分危险。村民都说余贤怀有点"憨"，为了收一个地笼差点把命丢了。余贤怀来不及理会这些，也来不及清理身上的泥巴，赶紧解开地笼，把里面的鱼和虾放回水里。

即便差点被淤泥"吞噬"，这段惊险的经历却并没有降低余贤怀工作的热情。他平静地说道："这是我们的本职工作，下次一定会注意，带足工具保证自身安全。"这些事情很多人不理解，觉得他有点拼命得不偿失，但是他说既然自己做了这个工作，这些事情就要想办法解决，不能逃避。自2021年禁渔工作全面开展以来，余贤怀发现家乡的河流与禁渔前相比发生了翻天覆地的变化。如今，那片熟悉的水域焕发出全新的生机与活

力。整个水域比以往更加清澈，水质也有了显著提升。在水中欢快游弋的鱼群，仿佛在诉说着生态环境的改善。看到这来之不易的成果，余贤怀的内心充满了无比的喜悦与自豪。

三、改变？去河堤上纳凉成为乡亲们的日常

巡护工作看似简单，实际上也是不同的时期有着不同的新情况，只有不断地学习才能了解最新的政策，才能跟上时代的发展。日常巡护之余，余贤怀还积极自学和参加培训，深入了解新政策和新法规，学习其他地方巡护的经验和先进做法。在过去的两年中，渔政部门多次组织渔政人员和巡护员培训，围绕渔业相关法律法规、护鱼员的职责与义务、管辖范围以及突发情况的应对和处置等方面进行了详细的讲解与指导，余贤怀总是第一个报名参加。这几次培训不仅提高了巡护队团队协作能力，还帮助余贤怀掌握了更为丰富的技能和知识。他对新的禁捕禁捞政策法规有了更深刻的理解，对未来的工作更有信心，并确定了以后的工作方向。余贤怀说："未来我还要参加更多的培训，学习更多的技能和应急处理方式。只有不断地用知识武装自己，才能更好胜任巡护工作，才能改变家乡河流的面貌，让大家有一个好的生活环境。"

一开始，对于余贤怀当巡护员这事，家人都是反对的，毕竟也五十好几了，家里生活条件也还可以，余贤怀在家帮忙带带孙子孙女，也是其乐融融。特别是上次陷到淤泥里，一身泥巴回到家以后老伴是又心疼又生气，就劝他干脆辞职别干了。余贤怀也没解释什么，换了身衣服又出去巡护了。老伴知道说不动这个"倔老头"，只要他认准的事不管多大困难都会坚持下去，哪怕丢了命都不会让他放弃。

家乡的河流很多，以前每年夏天放暑假之后都有小孩子下河游泳出事的。余贤怀每天在河边巡护的时候也都关注着插在河边的救生长竹竿和救生圈，要是竹竿不见了，赶紧和有关部门报告后去领取新的补充上。看到在河边游玩的小孩和青年，总是苦口婆心把他们劝上岸，为此孩子们还给他取了个外号叫"唐僧"。余贤怀还和巡护队员们一起到学校里去宣传，宣传禁捕政策，给学生们演示急救知识，告诉学生们水边避险的注意事项，当然最主要的还是以自身的亲身经历劝导学生们不要贪图一时凉快而

下河游泳，因为当地水情复杂、危险重重。

如今，河边的环境变得越来越好，人们晚饭后总是习惯去河堤吹风纳凉，而下河的人却日益减少。这一显著变化无疑表明巡护队在不知不觉中悄然改变了大家的生活方式。巡护工作取得的卓越成效，让余贤怀既感到开心，又充满自豪。看着大家安全地在河边享受大自然，他深知自己的付出意义重大。余贤怀暗下决心，在未来的日子里，要以更加饱满的热情和高度的责任感，把巡护工作做得更加出色，继续为守护这方水土奉献自己的力量，让这片水域始终安全、美丽、充满生机。

曾经，余贤怀以渔民的身份与水亲密接触；如今，他每日踏实、勤恳地工作，以高度的责任感履行着巡护员的职责。在余贤怀心中，这份职业无比光荣。他期望未来能有更多的人了解巡护员这份职业，吸引他们加入生态巡护的队伍中来。让更多的人携手并肩共同为保护大自然贡献力量，守护一汪碧水，让河流永远奔腾不息，让自然之美得以延续。

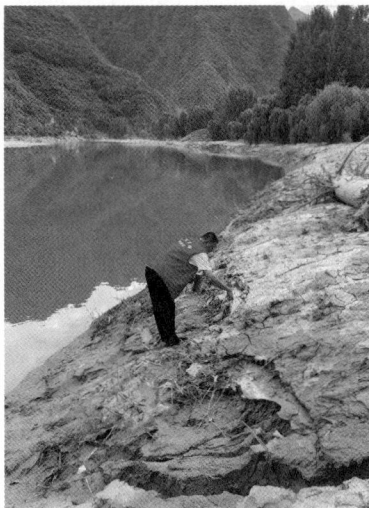

高义勤(陕西)：义举频传鱼水亲，勤勉于心护嘉陵

高义勤，1970 年出生，现在是陕西省汉中市略阳县的渔政协助巡护员。2022 年初，高义勤当选明水坝村村民委员会副主任，在职期间，他一直尽心竭力为村民们办事，同时也会很支持和了解当地巡护员的工作。后来，熟悉巡护工作的高义勤接任了巡护员的工作。2023 年 1 月，52 岁的高义勤迎来了人生新的转折点，经过农业农村局考核成为一名渔政协助巡护员，但是因为村委会的工作没人接手，村委的工作仍然需要兼职。

巡护员的工作不比村委会副主任的工作轻松，高义勤一直勤勤恳恳、兢兢业业、风雨无阻、默默坚守，在平凡的岗位上用实际行动践行初心、用朴实而坚定的信念谱写不平凡的劳动赞歌。两年以来用心用情的巡护工作，也让高义勤深深地体会到，巡护工作是他的责任和使命，他无私奉献、无怨无悔，成为协助巡护队伍中的先进榜样。

一、身兼多职，勤勉于心

高义勤负责巡护嘉陵江徐家坪镇明水坝村全段共 9 千米的水域，这是全县流域最长、巡护任务最艰巨的巡护区段。因为每天早上 8 点到晚上 6 点还要兼职做村委的工作，所以高义勤只能抽早晚和午休的时间去江边巡

护。即便如此，高义勤每月巡护的出勤时间都不少于 22 天，村民们经常能看见高义勤骑着摩托车在江边巡护的身影。隆冬时节，天气恶劣，下雪时道路湿滑，骑摩托车还会容易摔跤，有一次他的摩托车的车灯都摔坏了，但即便如此，高义勤也从未间断过巡护工作。

嘉陵江徐家坪镇明水坝村水域平坦开阔、水流平缓，鱼类资源丰富，在没有开展十年禁渔之前，该河段是捕钓爱好者经常光顾的最佳捕钓地，还有县内外各方捕钓爱好者跋山涉水前来捕鱼钓鱼。在秦岭生态保护和十年禁渔政策严格推行后，广大钓鱼爱好者有的不知、有的不懂、有的不解，有的抵不住诱惑以身试法，这无疑给该区域管护工作增加了不少困难。

有时一些非法捕捞者十分狡猾，为了钓大鱼，会在江里放暗钩，悄悄地将鱼线藏在河岸边很隐蔽的地方，再用石头压住做掩盖，不仔细看很难发现。但高义勤总能在巡查时发现，他说："看多了，就会有一种敏锐度。"他还总结了一套找暗钩的方法论：仔细观察，压住鱼线的那块石头往往带有记号或者以不自然的角度立着。通过这种方式，高义勤已经清除了许多暗钩，大大降低了非法捕捞带给水生生物的危害。每次巡护，高义勤都会拍照并将当日实况发在工作群里，再以文字的方式来讲述。两年来，从未间断，获得了领导和同事们的一致好评。

工作中，高义勤积极调动群众力量，使用人民关系网来获取有关非法捕捞的线索，许多附近的渔民在发现有人非法捕捞的时候，都会拍照发给他。得到线索后，高义勤便会迅速行动，及时将信息传递给农业执法大队，同时以最快的速度赶往现场查看。高义勤坚持"以理服人、以情感

化、依法规范"的原则，知难而进，风雨无阻，他来回穿梭在 9 千米区间巡查，宣传政策、耐心劝导，对违规垂钓人员耐心细致地宣传政策，对顽固分子巧妙地采取多种措施进行劝诫，取得了非常好的成效。

二、英勇救人，感化群众

在 2023 年 6 月的一天，天气阴沉，还下着雨。因为天气不好，所以高义勤这日的巡护脚步比往常更缓慢。他在巡查的过程中发现岩湾河边有钓具，但却并没有看见人。当时，他所处位置地势十分陡峭，难以直接靠近，高义勤随即用喇叭喊话。当时正处于禁渔期，钓鱼人一开始害怕被抓，不敢回应，等到高义勤喊了好几声后，他才小声回应。听到声音，高义勤觉得不对，因为声音是从很远的山崖下传来的。

经探查发现，有一位老人被困在山崖下，他说是自己钓鱼时没站稳滑下去的。高义勤看见他时，他双手抓着崖壁，大腿以下没进水里，已经被困崖壁很长时间，整个人状态很差，双手有些脱力，而且老人不会游泳。搞清楚情况后，高义勤来不及找人帮忙，当机立断，立即奋不顾身沿陡峭崖壁下行，只身前往营救。高义勤伸手将老人拽上来时，因为老人体重并不轻，高义勤被带了下去，和老人一同跌落了到了崖壁下。于是他改变策略，用双手托着老人往上举，终于一点点地把老人托到了岸上。这个过程中高义勤身上被划了许多伤口，尤其是膝盖的伤口很深。老人刚上岸时，浑身发抖，心有余悸，在岸上缓了 20 分钟，方才平复下来。高义勤边安抚他的情绪，边和他讲解禁渔的知识，讲明保护渔业资源的好处和作用，同时以这次危险为例劝导老人注意安全，被救老人当场感慨地说："这地方手机没有信号，要不是你及时发现，舍命相救，我恐怕就上不来了。"说完这句话，老人当场折断鱼竿，将鱼饵、鱼饲料等也都扔掉了，表示从此戒钓，再也不钓鱼了，还要劝导身边的人，表达感谢后还留下电话希望与救命恩人高义勤经常联系。

老人离开后，高义勤才发现自己的膝盖处正在往外流血，随即自己到了卫生院医治。而后被卫生院医生告知，右腿膝盖处伤口很深，需要到医院缝针。高义勤的膝盖处缝了 5 针，1 个月才完全恢复。到如今，下雨时他的膝盖处都会隐隐作痛，但高义勤想到最后安然无恙的老人，他觉得一切都值得。

后来，高义勤碰巧又遇到了那位老人，老人见到高义勤，握住他的手连连道谢："真是谢谢你当时救了我呀，如果不是你，我都活不到现在，我现在可是再也没有钓过鱼了，我身边的人，我也都劝他们不要钓鱼，我们一起守护环境，珍爱生命。"交谈后，高义勤望着老人远去的背影，心里十分感动，他用行动感化了一个钓鱼人，还将禁渔的政策和环保的理念传播了出去，当付出得到了回报时，他觉得这一刻特别有意义。

诸如此类巡护过程中的故事，还有很多，正是基于爱岗敬业、尽忠职守，基于用心用情、用爱守护，才让高义勤的护鱼工作一丝不苟，生动而充实。

三、保水卫鱼，造福子孙

两年的巡护工作，让高义勤深深地体会到，护鱼工作看似简单轻松，但要真正做好，却是任重而道远，巡护工作不仅是每天的沿河巡查"打卡"，更多的是一份责任担当和无悔的奉献。

高义勤从小就生长在这片水边，儿时他经常在河畔玩耍，与鱼虾嬉戏。后来，那么多的鱼虾却慢慢消失不见时，高义勤的心中总感到苦涩。他常回想起小时候看人在江里炸鱼，鱼漂在水面上白花花一片的场景；也时常记起爷爷曾给他提过一种尖嘴鱼，肉质非常鲜嫩，到现在再也未看见过。每每想到这里，护鱼的决心又更加强烈了。对高义勤来说，看着成群成群的鱼儿能够在水中自由自在地游弋，就是最开心的事情。

高义勤提到嘉陵江的鱼时，总是特别有感情："嘉陵江里有一种野生大鲇鱼，最大可以长到二三十斤，肉质也非常的肥嫩鲜美，这是我们这里的特产。如果不保护，可能后面我们这里连这种鲇鱼都看不见了……"他时常会到江边去看鱼，近几年，嘉陵江的鱼类种群恢复得还不错，半小时就能看见几十上百尾鱼跳出水面。

除此之外，高义勤也总会去参与增殖放流的公益活动，他表示："现在做的事都是在为子孙儿女造福，为了他们能生活在一个美好的环境里，为了他们以后能够看见鲜活的鱼儿在江里游过，为了他们能一直受到嘉陵江的好生态的庇佑……"

有了美好的希冀作为精神支柱，工作中遇到再艰难的情况，高义勤也从来不叫苦。执勤的过程中，总会有钓鱼人和高义勤发生冲突，他们不理解为什么不让自己钓鱼，甚至不认可高义勤的身份，对他进行辱骂。高义勤有时也会觉得委屈，但看见江中游过的鱼儿，就又备感安慰，继续坚持着协助巡护员的工作。他认为："作为一个协助巡护员，最重要的就是要奉献，心中有责任感，才能坚持下来。"巡护员的报酬并不高，平均到每月不过四百余元，但工作量却并不小。高义勤说他习惯了，这样的生活也不觉得辛苦，保护生态环境这件事，即使不给钱，他也愿意做。

除了执勤巡护工作之外，高义勤也同时非常注重宣传，他充分利用村上活动的契机，积极开展政策法规宣传，不定期地在院坝会、说事会和各小组群宣传十年禁渔政策，让全村 1 031 位村民全民皆兵、人人知晓并广泛宣传。辖区群众对政策知晓率明显提高，继而人人都是懂政策、爱护环境的巡护员，真正形成了群防群治的良好氛围。他所巡护的区域两年来未发生一起非法捕捞案件，成为巡护管理的示范河段，他本人也多次受到表彰和肯定，成为巡护队伍中的标兵。

第四部分
一专多能，探索更多可能

沈坚坚（江苏）：弃网从护显担当，守护长江母亲河

　　沈坚坚，1990 年出生，现在是江苏省南通市通州区的渔政协助巡护员。他的祖祖辈辈都以捕鱼为生，他以为自己能将"天马行空、自由自在"的日子一直过下去，却不知道他命中注定会走上一条与父辈截然不同的道路。2020 年，十年禁渔政策的实施，打破了他原来的生活轨迹。作为家中的"打鱼郎"，沈坚坚面临着时代的变迁与生计的挑战。他放下祖传的渔网，响应政府号召"弃船退捕"，从渔民转型为护鱼员，凭借智慧与勇气在长江保护事业中坚守初心，无怨无悔地守护长江。

一、"路子"走对了，就要坚持下去

　　退捕之后，沈坚坚考虑过跟随父亲外出到建筑工地做零工，挣一份稳定的收入，这是很多退捕渔民的选择。但在 2020 年初，沈坚坚无意中得知，区农业农村局正在从退捕渔民中招聘护鱼员。内心的小火苗被燃起，这对他来说是一个全新的机遇，但也是一个艰难的选择：是跟随父亲做稳定的工作，还是留在熟悉的长江边，守护那片养育了他的水域？经过一番内心的挣扎和深思熟虑，他毅然决定投身长江保护事业，成为一名协助巡护员。"老父亲气得三天没理我，但我想，人总要有追求，做自己喜欢的

事，不然白活一辈子。"沈坚坚谈起当初的选择时，眼中闪烁着坚定。2020年4月，沈坚坚正式上岗，开始了与以往截然不同的生活。沈坚坚的选择，是对父辈渔民传统的告别，也是对自己理想的致敬，当时的他并不知道，在护鱼这条道路上，充满艰难和挑战。

长江禁渔工作并非单一的巡查，它更像是一场没有终点的马拉松，是对体力与心力的双重考验。沈坚坚的巡护范围东起南通九圩港水闸，西至如皋市碾砣港，另加开沙岛，总共23.8千米的江岸线。每天，他和同事们沿着江堤巡查，用脚步丈量着江边的每一寸土地。这片水域，他们再熟悉不过，但每天依然有新问题在等待他们解决。沈坚坚说："协助巡护员不仅是江上的'守望者'也是渔政部门的协助者，更是长江禁捕政策的宣传员。"随着开沙岛的工业与旅游开发，沿江村庄、企业和游客数量日益增长，禁捕宣传的压力也越来越大。为了获得更好的宣传效果，沈坚坚的巡逻电动车车篮子里常备着三样"法宝"：小喇叭、宣传册和登记簿。

每次巡查时，遇到成群结队的垂钓者，他都会毫不犹豫地拿出小喇叭，认真地对着众人"讲一讲"禁捕的重要性；在走村入户或企业宣讲时，他总是随手"发一发"宣传册和"明白纸"，尽可能地让禁捕政策的宣传覆盖到每一个角落。对于那些初犯或违法行为轻微的嫌疑人，他也总是耐心地拿出登记簿，让他们"记一记"身份和车辆信息，并在保证书上写下事情经过，提醒他们今后不要再犯。

"护鱼历程平凡而又艰辛，虽然没有横刀立马的豪迈，但数年来，长

江流域南通通州段的水清了、天蓝了、鱼多了。感觉当初选择护鱼这条道路，算是'路子'走对了。"沈坚坚这样形容他的护鱼生涯。4 年多来，沈坚坚发放的宣传手册超过 4 000 份，劝诫驱离违法嫌疑人 200 余人，巡护日志记了将近 12 本，鞋子跑破了七八双。村民们常夸他是个称职的禁渔"宣传员"。而对沈坚坚来说，只要能为护鱼多做一点事，这些辛苦都不算什么。

二、破茧成蝶，护鱼路上的成长与蜕变

从渔民到护鱼员，身份的转变只是开始，更大的挑战在于角色的翻转。沈坚坚起初对护鱼工作抱有美好的想象：他以为无非是开着船巡视江面，劝劝垂钓者，拍拍照，轻松得很。然而真正上岗后，他才发现这份工作远比想象中复杂，不仅要求他对长江生态了如指掌，更需要他掌握渔政法规、禁捕政策，甚至包括无人机操作、信息化监控等现代化技能。这些都是只会捕鱼的他从未接触过的。

"以前只会'弄船'，对'汛情、水情、鱼情'熟悉，但面对法律法规和智能设备，我就是个'生瓜蛋'。"沈坚坚笑着自嘲。刚上岗的那段日子，他常常感到力不从心，面对普通群众和嫌疑人，他不知道如何劝阻；面对现代化的监控平台，他手足无措；护鱼队实行准军事化管理，严格的纪律让他感觉自己像被"关进了笼子里"。但种种困难，并没有将他击倒。"护鱼队里就数我最年轻，我不上谁上？"他凭着一股初生牛犊不怕虎的劲头，决定迎难而上。

要改变，要适应，沈坚坚暗下决心。在工作之余，沈坚坚像学生一样利用每一个晚上恶补知识。他向书本学、向老渔政学、向同事学，哪怕是深夜，也时常能在他的台灯下看到一本摊开的法律法规手册。一次次的请教与学习、一次次的尝试与失败，沈坚坚逐渐积累起禁捕的知识和技能。他被选送参加"长江流域禁捕水域渔政协助巡护骨干培训班"，与来自各地的巡护队员们交流学习，夯实了基础、找到了方向。

"脑袋里的知识越来越多，信心越来越足。"沈坚坚用他特有的幽默形容自己从"生瓜蛋"到护鱼"多面手"的蜕变。从无人机操作到电脑监控，从法律政策到现场处置，他一步步克服困难，逐渐成长为队里的中坚

力量。护鱼路上，他从未止步，始终以积极进取的姿态迎接每一个新挑战。

自入职以来，沈坚坚累计巡查岸线超过 9.5 万千米，参与江面巡航 4 900 余海里，清理残留网具、泡沫浮子无数。他向渔政和公安提供了 40 余条有价值的线索，劝诫驱离违规垂钓人员 200 余次，协助现场执法 20 余次，成功协助渔政部门捣毁犯罪团伙 3 个。

三、智慧与胆气，沈坚坚的"巡护八法"

巡江护鱼，协助巡护员就是渔政和公安部门的"千里眼"与"顺风耳"，护鱼工作不仅考验人的耐力，更需要智慧与胆识。结合多年来的经验，沈坚坚总结出了一套"巡护八法"，在护鱼队内传为佳话：

一要时不时地"扫一扫"，每天每隔一段时间用手持终端或无人机进行扫描式巡查，对整个禁捕区域有全面了解。

二要经常"变一变"，针对嫌疑人掌握巡查规律的状况，要经常换制服、换车辆、装成路人或游人去巡逻，打破违法人员想钻空子的企图。

三要经常"捞一捞"，对于江滩上的港汊，用自制带绳的小铁锚，隔三岔五地去"捞一捞"，看有没有沉入水中的网具渔具。

四要不断"找一找"，有些偷捕偷钓的嫌疑人会把交通工具藏起来，然后悄悄地下滩，树丛中、草堆里、江堤下的岔路上等地方都有可能是他们的藏匿地点，这时就必须细心寻找。

五要突然地"回一回"，沈坚坚说："有些地方，在巡逻的时候看似风平浪静，那么我就'高调'地离开，过 10 分钟，再突然地返回去，就能人赃俱获、抓个现形"。

六要善于"盯一盯"，一些钓友常在双休日、节假日等时间段出来"透透气"，到了鱼类的汛期一定要盯紧，哪怕是假期也不能松懈。

七有必要时"蹲一蹲"，夜间巡查时发现嫌疑车辆，要及时报告执法人员，自己则暗中蹲守，防止嫌疑人逃脱。

八要定期"听一听"，每隔一段时间到市场、饭店或进村入户，打听一下群众对禁渔的反馈，看看是否有可用的线索。

"巡护八法"不仅被运用在常规巡查中，更是沈坚坚应对突发事件的重要法宝。2022 年夏天的一个周末，他在东沙大桥附近发现了一辆形迹可疑的车，通过"找一找"的方法，沈坚坚在江堤下抓到两名意图电鱼的嫌疑人。当他试图阻止嫌疑人的违法行为时，其中一名嫌疑人竟拔出电击器，恶狠狠地威胁道："你再靠近，我就电死你！"面对威胁，沈坚坚没有丝毫退缩，而是迅速用手机拍下证据，并第一时间将视频传送给上级执法人员。最终，偷捕者被绳之以法。"巡护工作考验的就是胆气与魄力，这些都是在一次次实践中磨炼出来的。"沈坚坚说道，脸上挂着坚毅的笑容。

不仅如此，沈坚坚还参与了微电影《护江人》的拍摄，影片以他和同事们的工作日常为蓝本，真实呈现了长江护鱼工作的艰辛与不易。这部影片荣获江苏省治污攻坚宣传作品评选一等奖，并通过多种平台传播，让更多人了解到协助巡护员的坚守与奉献。

看着屏幕上那个风吹日晒、与嫌疑人斗智斗勇的自己，沈坚坚一时间竟有些恍惚，仿佛在看另一个人的故事。而那份荣誉证书，终于让他的父亲不再"生气"，而是满怀欣慰地感慨："虽然咱挣的钱少了，但你选择的路走对了！"

"是金子，在哪里都能发光。"2023 年底，沈坚坚在通州区农林综合执法大队党支部的学习会上，作了一次主题发言。他回顾自己从渔民到护鱼员的心路历程，感慨万千："护鱼四年多来，我用脚步丈量江堤，用热血守护长江。我不后悔选择了这条路，因为我相信守护长江就是守护我们的未来。"

沈坚坚的护鱼之路，是一段成长与坚守的真实写照。他不因身份的改变而迷茫，不因眼前的困难而退缩，而是用一颗赤诚之心默默守护着长江的碧水蓝天。在漫长的护鱼之路上，他不断磨砺自我，勇敢追梦，用自己的行动告诉所有人："护鱼无怨无悔，坚守初心，我会一直走下去。"

吴传幸（安徽）：日夜兼程守江河，勤勉领航护江豚

吴传幸，1986年出生，现在是安徽省铜陵市的渔政协助巡护员。他的家族世代以捕鱼为生，与长江水脉紧密相连。2019年的夏天，铜陵市郊区长江豚保护协会的一纸邀请，改变了吴传幸的生活。作为地道的渔民，他对当地的水域情况、水生生物种类了如指掌，因此被邀请协助长江豚保护协会进行科研考察。

在考察的过程中，吴传幸亲眼见证了长江保护工作人员的艰辛与奉献。烈日炎炎下，他们始终坚守岗位，毫不犹豫地迈进江滩泥地进行样本采集。这份对长江的深情厚谊，让吴传幸深受触动，也让他对长江的保护有了更深刻的理解。

2020年，长江十年禁渔政策正式实施。当这个历史性的契机到来时，吴传幸的心中涌起了一股强烈的感觉——他要加入巡护与保护水生生物的行列中，用自己的行动守护这片养育了他的水域。

一、高效统筹，优秀协助巡护队的灵魂人物

吴传幸的日常巡护工作围绕着铜陵市郊区长达52千米的长江段及10千米的通江水域展开。为了更高效开展巡护工作，他与同事们实行错峰巡查，协助执法人员防范违法捕捞的行为。巡查时间灵活多变，有时是凌晨

3—5 点，有时是深夜 10 点至次日凌晨。吴传幸解释说："要让企图违法捕捞的人员摸不准我们的巡护时间，让他们感觉到我们协助巡护员始终在他们身边，这样就让他们不敢捕、不能捕，到最后也不想捕了。"

巡护工作看似简单，却总是充斥着各种大大小小的挑战，而面对种种难题，年轻的吴传幸无疑是团队的核心力量，渔政人员和巡护队的队员都说吴传幸是"团魂"。他了解每位队员的特长，根据大家的实际情况，巧妙地分配工作任务，确保每位成员都能各尽其能，形成合力。例如，对于汽车驾驶技术出众的队员，他便安排其负责开车；对于有船只驾驶证的就负责开船；熟悉江豚等水生生物的就尽量安排到江豚分布的高密度区去巡护；对于年长的渔民转型而来的巡护员，在和渔民的沟通中就由他们出面走到渔民的身边去宣传和讲解禁捕政策。

长江禁捕有一个核心重点是"四清四无"：即清船、清网、清江、清湖，无捕捞渔船、无捕捞渔网、无捕捞渔民、无捕捞生产。看着"四清四无"只有四个字，但是执行起来确有很多难度，而且要长期坚持。年轻的吴传幸在面对一次次困难后更加坚定了信念，想办法解决问题，不管再苦再累再困难也要坚持下去。

2023 年 10 月，在通江水域，吴传幸和团队发现了大量历史遗留的网具和地笼随着水位下降逐渐显露。这些长期遗留在滩涂或通江水域的网具如果不及时处理，无疑会对水域环境及水生生物造成危害。而网具十分庞大与沉重，单靠人力根本不可能移动。人拖不动，那就用船。在吴传幸的统一协调安排下，两名水性好的队员下水，用绳子将网具尽可能地捆在一起，两名力气大的队员将网具固定在船尾，再发动船只，把网具拖到了岸边，大家一起再将废弃网具拖上岸。后来经过估算，这批网具的总重量接近 500 斤，如果仅凭个人之力，恐怕难以在短时间内完成清理工作。据统计，2024 年吴传幸的小队已清理了近 300 条废弃网具与 6 艘废弃船只。

2021 年至 2022 年，吴传幸所带领的团队连续两年荣获"优秀长江协助巡护队"称号，他对此深感欣慰："这不仅是对团队巡护工作的高度认可，也是对我们长江铜陵段禁捕效果的肯定。"每当与他人分享这份荣誉时，他和巡护队员的内心都充满了成就感与喜悦。

二、学而不厌，不断提升协助巡护所需的技能

十年禁渔政策刚刚实施时，很多人并不能够理解这项举措，这也成为吴传幸和同事们工作中的一个难点。面对这一难题，吴传幸却没有表现出畏难情绪，他一直在不断探索方法，相信通过努力终究会改变。"这也谈不上什么困难，我们既然参与长江保护的工作，成为一名护鱼人，这个困难怎么说都可以克服。虽然有一些群众不理解，但是只要我们多宣传，多沟通，随着时间的推移，再加上水域环境变好，大家都会理解我们的工作的。"

为了解决这个问题，吴传幸积极投身于法规政策的学习之中，特别是深入研读了《长江保护法》。同时，吴传幸还广泛涉猎了其他相关法律法规，包括《治安管理处罚法》《民法典》以及《刑法》等，以期在现场宣传中能够准确引用，对违法行为进行有效震慑，从而及时消除潜在的问题与隐患。此外，他还深入学习了《水生生物管理保护条例》，对该条例中关于水生生物保护的内容进行了细致研究，不断提升自己的专业素养，吴传幸说："我们在日常工作中要做到边学边做、边做边完善，保证'在做中学，在学中做'的探索与尝试。"

回想起 2020 年 12 月的那次巡查经历，吴传幸记忆犹新。在协助渔政部门处理一起非法捕捞事件的时候，他们遇到了 20 多位对禁捕巡护持抵触情绪的群众，将渔政人员和巡护员围住，场面一度十分紧张，几乎要爆发冲突。好在参与巡护员考试的时候，吴传幸就对禁捕相关知识做了全面系统的学习，他凭借着自己曾经身为渔民的丰富经验和对禁捕政策的深刻理解，以换位思考的方式，耐心地向群众解释了长江十年禁渔的重要意义以及每个人在长江大保护中应承担的责任。他的真诚与智慧成功平息了群众的疑虑与不满，赢得了他们的理解和支持，最后在场的群众都说："小吴说得很有道理，以前我们不理解，总觉得我们吃了亏，实际上长江禁捕和长江大保护对我们每一个人都有好处，我们不仅要支持他的工作，还要支持长江大保护。"此外，吴传幸还表示自己希望通过司法考试的形式进一步提升自己的法律素养，以便更好地将法律知识融入到巡护工作中去。作为巡护员，他深知自己的工作不仅仅是简单的巡查，更是向公众传播长江大保护理念的重要途径。通过日常的巡查与宣传，他希望能够让更多人了解并支持长江十年禁渔政策，共同守护这条生命之河。

除了理论知识的学习，个人技能的提升方面，吴传幸也没有忽视。禁捕巡护工作是一项体力活，为了更好地适应工作，吴传幸主动报名参加了游泳和体能训练班，不断提升自己的身体素质，他表示："虽然是渔民，但是不会游泳一直是我的短板，需要弥补。掌握了一些科学提升体能的方法后，经过长期坚持有了强健的体魄，在岸边巡查的时候，我会更有底气，我的胆子也会更大，这让我更敢去做。"

三、技多不压身，智勇双全守护长江安宁

作为曾经这片水域的"老渔民"，吴传幸对附近的地形、水域和潮汐规律了如指掌。他的这份熟悉，让他在协助执法人员打击非法捕捞行为时更具针对性和精准性。他知道哪些回流区鱼群丰富，哪些地方是违法者的藏身之所，利用这些知识，他能够有效地规划巡护路线，提高预防和打击非法捕捞行为的效率。吴传幸深信"技多不压身"这句话，他不仅持有货车驾驶执照，还具备二级船长的身份，他用自己过硬的专业技能，为长江的生态保护贡献着力量。

2023年的一个冬夜，寒风凛冽，夜色深沉。当大多数人还沉浸在梦乡时，吴传幸接到了紧急通知——监控中发现江心和悦洲有违法垂钓人员活动。虽然这天并不是他值班，但他没有丝毫犹豫，立即驱车赶往现场。到达现场后，在确保夜间行驶安全的前提下，吴传幸驾驶着船只，悄悄抵达了指定地点，成功控制了嫌疑人所在的区域，配合执法人员抓获了三名非法垂钓者。随后，他也没有立刻回家，而是跟随执法人员将非法垂钓者带至村部，对村民们进行了深刻的以案释法教育。这种新的处理方式不仅让违法者认识到自己的错误，感受到法律的威严，更用鲜明的案例，为周边的群众敲响了警钟。

2021年3月，吴传幸发现渔政部门的"天眼"视频监控有一个盲区——在青通河大桥下，有约50米的盲区，有些人熟悉周围环境知道高空视频会因为桥梁阻挡有一定盲区，企图钻空子来到这片鲜为人知的区域进行非法垂钓。吴传幸利用自己对这片水域的熟悉和了解，将这里作为重点巡查区域。短短一个月内，他成功协助渔政部门处理了近20起非法捕捞和垂钓案件，显著提升了该区域的巡护成效。"贵在坚持，贵在平凡，我们就在平凡中做努力、做贡献，在点点滴滴中为长江大保护做出贡献。"吴传幸这样概括巡护工作的价值。他和同事们在长江铜陵段的每一个角落默默地守护着这片水域，他们的努力让附近区域的居民们知道，原来还有这样一群人在风雨兼程地巡护，保护长江的生态环境，守护人们共同的家园，他们的贡献是长江大保护中不可或缺的一部分。

"天天短平快，年年马拉松"是吴传幸对巡护工作的总结，他始终保

持着高度的警觉和责任心，他总说："今天巡得好，不代表明天也没有问题。"对他来说，每一天都是新的挑战，每一次巡护都可能与违法者产生较量。他坚守着这份理念，筑牢思想防线，不断在实践中学习进步，保证每一天的巡护工作都在细节处做到最好，这样日积月累下来，才会有真正的成效。

十年禁渔的深远意义，可以用"行稳致远"这四个字来概括。吴传幸将持续做好手头的禁捕巡护工作视为他对这片水域的责任所在。"只要我一天站在这班岗上，就要把这班岗站好，为守护长江、保护水生生物，做点自己力所能及的贡献。"他坚守着"守水有责、守水尽责、守水负责"的信念，日复一日地做好巡护工作中的每一个细节。

吴传幸和他的同事们保护着长江，这份工作不仅仅是职责，更是一种情感上的寄托，对于长江中的江豚和中华鲟，吴传幸一直抱有一份特殊的情感："我把它们当作家人，希望它们能够茁壮成长，恢复得越来越好。"

夏明祥（安徽）：退渔护水助科研，情系巢湖救孩童

夏明祥，1982 年出生，现在是安徽省合肥市庐江县的渔政协助巡护员。他来自一个世代依巢湖畔而居的家庭，自幼便与巢湖结下了不解之缘。2021 年，随着巢湖禁捕沿岸渔民转产转业，响应国家号召，他顺利转型，从一位退捕渔民转变为专职的护鱼员，开启了协助巡护之路。凭借丰富的渔业经验和对这片水域的深厚情感，夏明祥积极投身于巢湖禁捕工作，不仅有效配合完成多项护鱼任务，还助力水生生物的科学研究，更在关键时刻毫不犹豫成功救起落水女孩。夏明祥的这些贡献，不仅促进了巢湖水域生态环境的逐步恢复，更生动诠释了新时代下个人责任与社会担当的深刻内涵。

一、久别重逢，履行守护巢湖的约定

岁月更迭，四季轮回，巢湖之畔，夏明祥已度过四十光景，这片水域与土地，成了他生命中不可割舍的情愫。正如鱼儿依水而生，他虽曾远行，心却总被这片碧波牵引，终是归航。

"此心安处是吾乡"，从少年起，夏明祥就在巢湖边居住，在湖边看过无数次日出日落，眺望着这片湖泊，他不知多少次地向这片湖倾诉自己的心事，湖上风云变幻，见证了他从青涩到成熟的每一个瞬间。

孩提时代，他与父亲驾驶着家中的小渔船，漂泊在巢湖之上，父亲在船头站着，目视前方，手里的渔网在一紧一松之间起起落落，就捕满了一家人生活所需的"碗口鱼"（"碗口鱼"是渔民赖以为生的经济来源，亦是渔民碗中的菜，是巢湖渔家几代承袭的生活方式）。夏明祥与同龄的渔民孩子一起玩耍嬉戏，湖畔的欢声笑语，至今仍是他心中最温暖的记忆。跳水、打水漂、潜水……那些无忧无虑的日子，与父亲捕鱼的身影交织成一幅幅动人的画面，深深印刻在他的心田。

然而，随着时代的变迁，巢湖生态环境面临着前所未有的挑战。藻华暴发、水域污染、过度捕捞等问题日益严峻，使巢湖水生生物生存环境日趋恶劣，生物多样性指数持续下降。根据数据统计，当地从 2016 年到 2018 年，毛鱼、银鱼、虾、大鱼等主要品种的产量都有不同程度的下滑，一些鱼类物种也濒临灭绝。

起初夏明祥听到这个消息，他感到非常震惊，完全没有做好心理准备，从初中毕业以后，他就开始以捕鱼为生，20 年来，渔业已成为他生活的全部，这让夏明祥一时不知今后该何去何从。"禁捕"二字，对大多数人来说或许只是遥远的政策词汇，但对渔民夏明祥而言，却如同切断了赖以生存的经济命脉。

然而，经过长时间的思考与沉淀，夏明祥最终选择了坦然接受。他深情地说道："国家禁渔，是为了修复受损的生态环境，让大自然得以休养生息，是为今后大家可以生活在美丽的环境里，更是为我们的子孙后代有

资源可利用。"这番话道出了他心中的释然与理解。想通了这一层，他豁然开朗，开始积极寻找新的生活出路。

离开熟悉的渔网与湖面后，夏明祥在家附近的高校食堂找到了新的工作。虽然职业变了，但他对巢湖的那份深情却从未改变。每当夜深人静时，他总会不由自主地怀念起在巢湖上的日子，那份与湖共生的情感依旧强烈，他总是觉得自己应该为养育了自己和家人的巢湖做点什么。而就在这时，巢湖也同他来了一次"双向奔赴"。在朋友的引荐和自己的不懈努力下，夏明祥得以重返巢湖，不过这次，他的身份从渔民转变为了巢湖的守护者——渔政协助巡护员。

二、风雨无阻，一番痴心交付护鱼事业

从前的夏明祥，在巢湖之上是"索取者"，而今，他完成了从"捕"到"护"的转身，成为巢湖的守护者。日子看似翻天覆地，实则又仿佛延续着某种不变的情怀。昔日，他过着渔民的慢节奏生活，享受着那份悠然自得。而今，禁渔巡护的工作让他每日无休，肩上扛起了沉甸甸的责任。然而，这份转变也并未让他远离那片挚爱的水域。

起初，夏明祥很是不适应，这份工作需要随时待命，有时饭吃到一半，上级通知有情况就需要马不停蹄地赶往现场，而且这是常态。但经过四年的适应与成长，夏明祥坦言如今他已经完全适应。夏明祥家距巢湖巡护点不到5千米，由于他家离巡护点最近，因此，他自然而然地成了处理紧急突发情况的第一道防线，大多数时间都能迅速出勤，这对他来说已成了日常的一部分。庐江县的禁捕水域面积辽阔，各巡护站点间相距甚远，覆盖范围长达20多千米，从兆河大桥一路延伸至杭埠河大桥。在这个广袤的巡护区内，交通不便成了最大的挑战。没有便捷的交通工具，意味着他常常需要在一天之内多次往返于同一地点。

禁捕初期，事情繁多冗杂，工作任务总是来得急，需要快速处理。夏明祥的日常工作是用无人机观察巡护区域内有没有偷捕者的踪迹，以及搜寻那些隐藏的渔船和浮漂（下私网的记号）。

高强度的工作起初让家人颇感不解，"你这么认真做什么？节假日也看不见个人影儿，也没空陪伴父母、孩子。"这些话语频繁出现，让夏明

祥倍感压力。但他深知自己肩负的责任重大，默默承受着家人的不解，坚定地执行着每一项任务。在他与队员们的守护下，巢湖似乎也在悄然变化，湖水逐渐恢复了往日的清澈，鱼儿们跃出水面的身影再次成为常态。

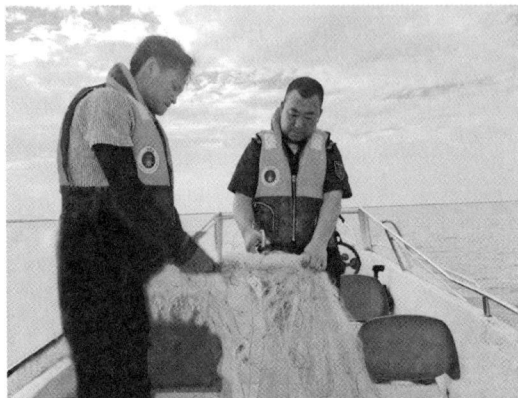

6月，正值毛鱼繁殖产卵的时节，自2021年起，武汉中国科学院水生生物研究所与安徽省农业科学院两个研究所共同开展了巢湖水生生物研究项目。在渔政部门领导的推荐下，夏明祥参与了项目，负责辅助各项研究任务。简单的工作有量尺寸、称重量、做记录等；也有一些工作需要专业的技术，比如捕捞相应要求的水生生物，同时也不能影响伤害其他水生生物。夏明祥对这片水域情况做到了然于心的熟悉，能够平稳驾驶快艇到不同区域对水生生物进行采样实验，在每一次的实验研究里，都可以看到他为生物研究而效力的身影。

起初接到任务时，夏明祥是开心与好奇的，渔政将这么重要的任务交给他，是一种信任和重视，他也想知道和自己相伴半生的巢湖里究竟还有些什么水生物种。除此以外，夏明祥也偶尔会感到愧疚与难过，湖中鱼类的减少与资源的枯竭，自己也有一份责任。每次在接到指派任务之后，夏明祥都会立即带上自己"吃饭的家伙什"到指定地点进行巡视踩点。完成协助调研工作后，也不能耽误到本职的"禁捕工作"，这种双重角色的状态，他至今仍在坚持。

直到2023年，他才深刻体会到禁捕政策带来的显著成效：巢湖中的渔业资源结构发生了积极变化，大鱼频现，生态系统逐步恢复活力。作为巢湖禁捕历程的亲历者与见证者，他深切感受到了十年禁渔政策的深远意义与不可估量的价值，心中充满了对未来水域生态更加美好的期待。

三、智战"游击"，守护生命之舟

在巢湖，使用路亚钓鱼的现象屡见不鲜，每年因此受到打击与劝导的人数高达数万。2022年一个平常巡护日，晚上8点左右，夏明祥好不容易可以在家小憩安顿一番，饭菜都已经上桌了，还未来得及扒拉两口，就接到消息说有人非法垂钓，需要立即处理。片刻之间夏明祥就收拾妥当赶到案发现场。夏明祥赶到现场时，四五个二三十岁的青年同巡护队较上了劲儿。他们自认为交了罚款就万事大吉，收了"门票"可以继续垂钓了，甚至在渔具被暂扣后，仍不依不饶地要求现场归还。然而，禁渔制度岂容儿戏，渔具的处理必须严格按照程序，次日移交给渔政部门后，需要去渔政部门接受处理后才能领回渔具。就这样，夏明祥和渔政执法人员们从晚上8点一直坚守到午夜12点。夏秋交际的夜里，蝉鸣蛙叫声声不绝，亦是蚊虫猖獗之时，尽管腿间手臂泛起一个个"红包"，但是队员们也没有一个人畏难退缩。

此后的巡护工作中，非法垂钓者仿佛玩起了"猫鼠游戏"。他们利用巢湖茂密芦苇和草丛的掩护，派人放哨，巡护队来了就跑，巡护队走了就再回来。但夏明祥和同事们始终坚持"兵来将挡，水来土掩"，采取了组合式战术，一旦发现他们的踪迹，立即调整策略，时常变换出勤路线，让违法垂钓者们措手不及、无处遁形。

巢湖的水蕴含着勃勃生机，人们所期待的往往是人与自然和谐相处的美好景象，但湖水并非眼见的那般温和，湖浪风力千变万化，前一刻还是温柔平静，下一秒就可能正蓄积"惊涛拍岸"之势能。不谙熟水性的人，很难把握湖水的变化，容易发生危险。因此，夏明祥和同事们除了做好每日的巡护工作之外，还时刻提高警惕，在巡护过程中格外注意水边的情况，观察是否有人遭遇危险。

2022年的一个午后，夏明祥同他所在的巡护队一如既往地开展每日的巡查。与此同时，学生小贾（化名）正乘着船在湖上漂流玩耍，然而她不知道的是，未被承包开发的水域潜伏着未知的危险。水浪翻涌间，小贾几经折腾也驾驭不住如脱缰野马般的风浪，最终是不敌巢湖的威力，跌坠湖中。历时近乎小半日的救助工作由此展开。

尽管是白日午后，可也快临近黄昏，等到天黑以后就更难获得救援，小贾生存的希望渺茫。驾驶巡查船的夏明祥远远看到水中有扑腾挣扎的暗影后，随即驶近，不假思索地跳入湖中，解救呛了大量水、处于半昏迷状态的小贾，随后在巡护队员的帮助下将她送往医院进行后续救治。

夏明祥同他所在小队不单是严厉打击非法捕捞者们，更是用心用情守好这片湖，筑起一道防溺水的安全屏障，守护生命之价值。

巢湖的波涛中蕴含着生机与希望，一切都在向着更好的方向迈进。非法捕捞的现象已鲜有耳闻，这得益于不懈的努力与守护。夏明祥，作为巢湖上的守护者，日复一日地在湖面上巡逻侦查，在湖岸边仔细观察、严密巡视，用实际行动践行着禁渔保护的使命。他渴望将自己所学到的禁渔知识和技能，化作一个个生动的故事，传递给每一个人，让更多人了解、参与到保护这片水域的行动中来，共同构筑我们心中那片美好的家园。

许小刚（安徽）：任重道远助禁渔，全心全意护生态

许小刚，1977 年出生，现在是安徽省合肥市包河区的渔政协助巡护员。许小刚的名字对当地人来说并不陌生。这位曾经的渔民，如今肩负起了守护巢湖的重任。从捕鱼到护鱼，许小刚的身份转变，是一段时代变迁与个人成长的交汇。

"变的是身份，不变的是对家乡巢湖的深厚感情。"许小刚的声音朴实无华，但每一句话都饱含着对这片水域的热爱和责任。作为巡护队的队长，他用曾经的渔民经验，结合创新的巡护方法，与非法捕捞者斗智斗勇，守护着巢湖的青山绿水。

一、从渔民到巡护员：身份转变中的坚定选择

许小刚生于巢湖，长于巢湖，饮巢湖水，吃巢湖鱼。作为一名老渔民，他对巢湖的每一片水域了如指掌，熟悉水里的鱼群分布和地形变化。从年少开始捕鱼，20 多年的捕鱼生涯使他深深依赖巢湖。然而，随着巢湖渔业资源的逐渐枯竭以及保护生态的呼声日渐高涨，一纸禁渔令彻底改变了他的生活轨迹。

2020 年，长江流域十年禁渔政策正式实施，许小刚响应号召，毅然加入巢湖巡护队，承担起保护渔业资源的责任。回忆起这一决定时，许小

刚笑称："以前我家世代捕鱼，现在我变成了护鱼的，算不算将功补过？"这句略带玩笑的话语中，透露出他对自身角色转变的深刻理解，也展现出了他投身巢湖生态保护的坚定决心。

加入巡护队的过程很顺利，正如他所说："渔民出身做巡护员，既方便又高效。我们熟悉水情、渔情，对非法捕捞的手段了如指掌，方便协助渔政部门打击非法捕捞。"许小刚解释道，这样的优势让他们在巡护工作中能够精准打击非法行为。

尽管许小刚的转型之路看似顺利，但实际上，这份工作背后的艰辛远超想象。巢湖的巡护环境复杂，尤其在夜晚，蜿蜒曲折的岸线、密布的芦苇荡，加之狡猾的非法捕捞者，让每一次巡护都充满了未知的危险。许小刚坦言，夜间巡护时曾多次遇到险情，"很多时候你知道偷捕的人就藏在不远处的芦苇荡里，但找不到他们。"

二、多方尝试：从传统经验中寻求科技创新

许小刚的渔民经验为他的巡护工作带来了极大的帮助。他不仅能够轻松识别非法捕捞者的手段，还能通过对巢湖环境的深刻了解，制定出独特的巡护策略。例如，针对偷捕者常常利用巡护时间空当进行作案的行为，许小刚和他的团队采取了随机更改巡护时间的方式，令非法捕捞者防不胜防。

除了在巡护策略上不断创新，许小刚也注重以理服人。在巡护工作中，非法垂钓者往往对自己的行为没有足够的法律意识。针对这种情况，许小刚和巡护队员们会耐心地进行法律法规宣传，详细介绍长江大保护和十年禁渔的意义。他们的努力逐渐让巢湖沿岸的非法垂钓行为明显减少。

尽管目前巢湖的生态环境已有了显著改善，但许小刚深知，未来的巡护工作依然面临许多挑战。非法捕捞者的手段在不断升级，他们为了逃避法律制裁，甚至使用一些高科技设备进行捕捞，这使得巡护工作的难度大大增加。因此，他和队员们不断学习新的技术和方法，力求在巡护工作中始终保持主动。在当地渔政部门的支持下，科技装备的引入大大提升了巡护工作的效率。许小刚介绍道："现在巢湖周边安装了高清监控设备，我们可以通过视频监控来精准定位非法捕捞活动。"一旦发现异常，使用探头拍下照片后他和渔政人员便立刻开船赶赴现场进行处理。不仅如此，许小刚还开始学习无人机技术，希望未来能够通过无人机更高效、更全面地开展巡护工作。

除了技术的升级，许小刚还意识到环保意识的培养同样重要。"保护巢湖不仅是我们巡护队的责任，更多的还是需要社会公众的参与。"他表示，未来的工作重点之一是加大环保宣传力度，通过教育和引导，让更多人认识到保护巢湖生态的重要性。他相信，只有全社会共同努力，巢湖的未来才能更加美好。

许小刚积极参加船艇驾驶培训，考取了相关证书，掌握了快艇驾驶技能。此外，他还参与了多次抗洪抢险工作，成功转移群众，获得了安徽陆军预备役师颁发的"防汛抗灾先进个人"奖状。在巡护工作之外，许小刚也通过不断学习生物多样性保护的相关知识，逐步迈向"专家"之路。他积极参与各种培训和研讨会，了解最新的国家政策和生态保护措施，并通过研读专业著作，进一步增强了对巢湖流域及长江支流的生态管理能力。他坚信，只有不断学习和提升自身能力，才能更好地承担起守护巢湖的责任。

作为巡护队的队长，许小刚不仅需要完成自身的巡护任务，还肩负着带领团队共同进步的责任。他深知，只有打造一支专业、精干的巡护队伍，才能更好地应对巢湖生态保护的各种挑战。因此，他经常组织队员们进行技能培训，确保每一位队员都能够掌握最新的巡护方法和工具。在团队管理上，许小刚以身作则。他严格要求自己，以德服人，身先士卒，带动其他队员积极参与巡护工作。此外，许小刚在人员安排上也十分讲究，尤其是夜间突发行动时，他会选择与邻村、本村的熟悉人员搭档，确保巡护行动的安全和效率。

　　五年的巡护工作中，许小刚经历了许多挑战。他曾在巡护时受伤，也曾面对非法捕捞者的威胁，但他始终坚持在第一线，毫不退缩。他以过硬的综合素质，不仅在工作中展现了渔民的智慧与勇气，也为长江十年禁渔和巢湖生态的守护筑起了一道坚实的基层防线。

三、在希望中前行：做巢湖生态的守望者

　　五年来，许小刚和巡护队亲眼见证了巢湖的变化。"以前巢湖的水很浑浊，鱼的种类也越来越少，很多水鸟都不愿在这里栖息。"许小刚回忆道，过去由于过度捕捞和污染，巢湖生态环境不断恶化，水质下降，生物多样性面临严峻威胁。如今，随着禁渔政策的实施以及环保措施的加强，巢湖的水域生态环境得到了明显改善。水质逐渐变好，鱼类种群逐渐恢复，甚至一些曾经濒临消失的物种也开始重现。

　　"我记得有一种白鳗鱼，以前在巢湖特别常见，但后来因为环境破坏和偷捕行为，几乎消失了。"许小刚说，巢湖的白鳗鱼作为一种降河性洄游鱼类，必须在巢湖中长大，成年后再回到大海产卵。这种鱼的回归被许小刚视作巢湖生态复苏的重要标志。尽管目前还没有完全恢复到以前的种群数量，但他坚信，只要坚持巡护工作，严格执行禁渔政策，巢湖中的白鳗鱼一定会重新大量出现在这片水域中。

不仅如此，巢湖的水鸟数量也显著增加。每天清晨和傍晚，许小刚都会看到成群的水鸟掠过湖面，这样的景象让他倍感欣慰。"这些水鸟是巢湖生态健康的象征。只要有足够的鱼类资源和良好的水环境，它们自然而然就会回来。"许小刚说，看到这些变化，他对自己和巡护队的努力感到无比自豪。

许小刚的转型和坚守，体现了一个普通渔民对社会责任的深刻觉醒。他从一名以捕鱼为生的渔民，转变为守护家乡生态的巡护员，这不仅是身份的转变，更是内心责任感的升华。许小刚坦言，过去捕鱼的时候，他更多的是为了生活而忙碌，很少去思考环境保护的问题。"以前我只想着捕多少鱼能养活家里人，现在我明白了，如果环境被破坏了，不仅是我们这一代，子孙后代都没法生活。"许小刚的话语朴实，却充满了对未来的深思。他相信，每一个人都应该为保护生态环境贡献力量，只有这样，才能为子孙后代留下一片干净的水域和丰富的自然资源。

这种责任感的觉醒不仅体现在许小刚个人身上，也逐渐影响到了周围的人。他的家人、朋友甚至曾经的渔民伙伴，看到许小刚的坚持和努力后，也开始转变观念，主动参与到巢湖的环保行动中来。许小刚的孩子受到父亲的影响在学校里也积极参与各种环保活动。许小刚的孩子甚至还成了他的"工作助理"。每当许小刚需要整理巡护宣传材料时，他会口述内容，孩子负责编辑整理。通过这样的言传身教，孩子逐渐感受到父亲对巢湖的深厚感情和对巡护工作的责任心。这种家庭的支持与理解，成为许小刚坚持巡护工作的动力源泉。"孩子崇拜的目光，是我坚持下去的最大奖赏。"许小刚十分欣慰地说道。

许小刚的日常巡护工作繁忙且危险，家人对此始终给予默默的支持。2022 年，许小刚因急性心肌梗死住院，医生建议他少熬夜、注意休息，但他却说："很多工作都必须在夜里进行，熬夜是没办法的事。"尽管家人心疼他的身体状况，但他们对许小刚的巡护工作表示理解和支持。

许小刚的故事是无数基层护鱼员的缩影。他们虽然默默无闻，却在长江禁渔和巢湖生态保护的事业中发挥着不可或缺的作用。许小刚从一名渔民转型为护鱼员，他用自己的智慧、勇气和坚持，守护着家乡的湖泊。许小刚说，未来他和巡护队将继续坚守在巢湖的岸边，准备迎接新的挑战。

他们的故事虽然不为众人所熟知，但正如巢湖的水波一般，静默却绵长，深刻而悠远。正是因为有了像许小刚这样的人，巢湖的未来才会更加光明，美丽的自然环境也才能永续留存。

王第友（江西）：渔网换得碧波清，荣誉见证赤子心

　　王第友，1967 年出生，现为江西省九江市濂溪区协助巡护队队长。53 岁的王第友，皮肤黝黑，目光坚毅，是一位地道的鄱阳湖老渔民，见证了鄱阳湖的时代变迁。从小跟随父亲捕鱼的他，对长江和鄱阳湖有着深厚的感情，捕鱼时与江豚为伴，这也是他后来走上保护江豚保护鱼类等水生生物之路的原因。

一、鄱湖渔郎，见证鄱湖的沧桑巨变

　　鄱阳湖畔，渔民王第友望着波光粼粼的湖面，思绪万千。他从小跟随父亲捕鱼，见证了鄱阳湖的兴衰变迁。20 世纪 90 年代，江里鱼多，打鱼回来，船上满是江鱼和河蟹，一家人年收入有 10 多万元。王第友也是当时年轻一代渔民中的"捕鱼达人"。每天开船出去，下网起鱼，鱼满舱而归。虽然辛苦，但是每天都很有干劲，娶妻生子，日子过得也是其乐融融。

　　然而，20 世纪 90 年代末期，鄱阳湖里来了一些长江下游的捕鱼船只，他们不仅来鄱阳湖捕鱼，还带来了他们宣称"先进"的捕鱼工具。用两根电线连在捕鱼的网上，通上高压电，不用一会儿，大鱼小鱼都会自动漂起来，直接用抄网一个接一个地捡拾即可，鱼漂起来的太多了，大鱼收

走，小鱼都看不上，留在那里等死再沉入水底。除了电捕鱼，还有另一种更加"神奇"的捕鱼方式——"迷魂阵"。用竹竿在浅水区和回水区等鱼的必经之路上设置好迷宫，外面套上密眼网，鱼类进去之后就像进了迷宫一样，只能前进不能后退，最后都会聚集到迷魂阵尾部的鱼袋子里，每天只要打开鱼袋子收鱼即可，大鱼小鱼都有。"迷魂阵"设置好了以后可以用很长时间，只要水位不落，就一直能收获鱼。

本地渔民傻眼了，电捕鱼所过之处，他们用祖传的网具几乎捕不到鱼了；迷魂阵在的地方，他们开船有时候都很困难，不知道水下哪里有网，船只的螺旋桨经常被网搅上要耽误很长时间清理才能继续航行，有时候螺旋桨和发动机会被损坏。但是这两种捕鱼方式真是收入太高了，很多本地渔民也蠢蠢欲动，一传十、十传百，很多本地渔民也开始使用这两种"神奇"的捕鱼方式。丰水一片的鄱阳湖谁也不知道水面下是否有网，枯水一线的鄱阳湖退水以后，很多没有来得及撤下的"迷魂阵"露出庐山真面目，真是一个大迷宫，鱼类一旦进去真是毫无逃出的可能。

"以前，江豚随处可见，现在却越来越少了。"王第友感叹道，"看着它们被电鱼机、绝户网伤害，我心里难受极了。"后来有一个叫蒋忆的湖南大学生到鄱阳湖宣传江豚保护，对于王第友触动很大。王第友开着他的捕鱼船不捕鱼了，带着蒋忆等志愿者到处去宣传江豚保护，向渔政部门举报"迷魂阵"、电打鱼等非法捕捞。"蒋忆是湖南人，生活在洞庭湖边，来到鄱阳湖帮助我们保护江豚、保护环境，对于我们本地人来说影响很大，我们有责任也有义务保护我们的鄱阳湖。鄱阳湖养育了我们渔家人，现在它被破坏了，我们要行动起来"。王第友目光坚定地说着。

二、转产巡护，获得国际巡护员大奖

2016 年，王第友做出了一个艰难的决定：放弃捕鱼，成为一名江豚保护志愿者。他放下了渔网，将渔船停靠在岸边，开始用自己的方式守护长江。他积极参加江豚保护活动，向渔民宣传保护江豚的重要性，呼吁大家合法适度捕捞，共同保护长江生态环境。但是，这时候的工作开展起来很艰难，王第友都快坚持不下去了。

2017 年 6 月，在农业部长江流域渔政监督管理办公室的支持下，长江生态保护基金会等公益机构发起了"协助巡护"的试点，把"捕鱼人"转产成为"护鱼护豚员"，鄱阳湖就是试点区。王第友和好友钟祥志、杨发云、杨法林报名参加了渔政协助巡护队，在九江市濂溪区农业农村局的领导下，开展水生生物保护和协助渔政部门打击非法捕捞的工作。

王第友的渔网已经很久没有下过水了，花了九千块钱买的一张最大的渔网，被王第友当作塑料废品给卖了。现在陪伴王第友的是巡护装备和宣传材料，还有那艘由他渔船改装的巡护船。每天清晨，他都会驾驶着改造后的巡护船，迎着朝阳出发，开始一天的巡护工作。船在平静的江面上划过，留下道道涟漪。王第友站在船头，目光如炬，仔细观察着江面和两岸的情况。他记得每一个弯道，每一片滩涂，每一处江豚可能出现的地方。

作为一名老渔民，王第友对长江和鄱阳湖的水域情况了如指掌。他知道哪里是江豚的栖息地，哪里是鱼类繁殖区，哪里是非法捕捞的重点区域。他们驾驶着改造后的渔船，在鄱阳湖上巡护，观察江豚和候鸟，清理湖面垃圾，举报非法捕捞和非法采砂。"刚开始的时候，很多渔民不理解我们的工作，甚至会骂我们。"王第友回忆道，"但我们没有放弃，我们一遍遍地给他们讲解禁渔政策，告诉他们保护鄱阳湖的重要性。"因为是在家门口的水域，很多渔民都是巡护队员的老朋友，王第友好几次被以前的渔民当面骂他是渔民里的"叛徒"，队友钟祥志直接被几个朋友断绝了关系。因为不是执法队伍，只是监督和举报，王第友和自己的巡护队员拍照取证上传到"协助巡护管家"APP 里，定好方位，打所在区域渔政的电话举报，由渔政进行执法，然后巡护队就会迅速离开，避免与渔民发生正面冲突。

2020年，濂溪区江豚协巡队从最初的4人壮大到10人，王第友担任了濂溪区江豚协巡队队长，人员规模、素质以及装备水平等软硬件条件都得到很大的提升。渐渐地，渔民们开始理解和支持他们的工作。他们发现并协助渔政部门打击非法捕捞等违法行为，有效改善了鄱阳湖的生态环境。

2021年8月24日，IUCN WCPA国际巡护员奖颁奖仪式落下帷幕，王第友经阿拉善SEE和长江生态保护基金会推荐获得"IUCN WCPA国际巡护员奖·高度推荐奖"，他是当年全国唯一一个获得该奖的水生生物协助巡护员。IUCN WCPA国际巡护员奖，是IUCN（世界自然保护联盟）与国际巡护员联合会、全球野生动物保护和保护联盟联合发起的，旨在赞扬巡护员在世界保护地所做的非凡工作。能得到巡护员国际大奖，不仅是对王第友个人工作的肯定，也是对于水生生物协助巡护员的整体认可。

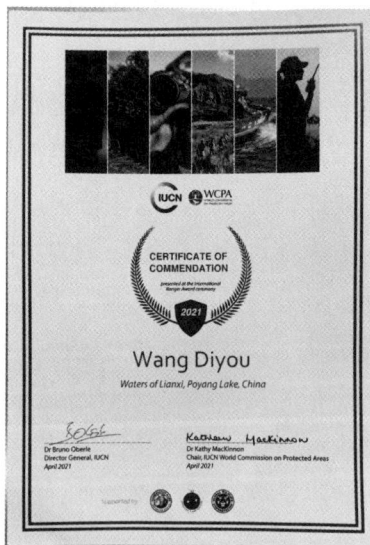

三、多方尝试，探索巡护员长久发展

王第友深知，鄱阳湖不仅需要保护，灿烂的鄱阳湖文化更需要传承。2022年，在腾讯公益和长江生态保护基金会的支持下，王第友联系当地政府主管部门在姑塘海关（一处历史文化景点）附近建立了"渔民驿站"，

旨在传承鄱阳湖特有的渔文化，并帮助渔民转产转业。

"渔民驿站"收集了鄱阳湖的渔具、渔船模型、渔网等，向游客展示鄱阳湖的渔业历史和文化。王第友还定期举办渔文化讲座，向游客讲解鄱阳湖的生态环境和渔业资源。"我们希望通过'渔民驿站'，让更多的人了解鄱阳湖，了解渔文化，参与到保护鄱阳湖的行动中来。"王第友说。此外，王第友还积极帮助渔民转产转业。他联系相关部门，为渔民提供就业信息和技术培训，帮助他们找到新的就业岗位。

"我们希望渔民们能够找到新的出路，过上更好的生活。"王第友说，"同时，也希望他们能够继续关注鄱阳湖的生态环境，为保护鄱阳湖贡献力量。"王第友和他的队员们将继续努力，探索巡护员长久发展的路径。他们希望能够得到更多的支持，加强巡护队伍建设，提升巡护能力，扩大巡护范围，让更多的人参与到生态环境保护中来，共同守护长江的碧波清水。

王第友的故事，是无数像他一样从渔民转变为巡护员的缩影。他们放下渔网，拿起巡护工具，用自己的行动守护着长江的生态环境，为子孙后代留下绿水青山。他们的故事，激励着更多的人加入生态环境保护行动中来，共同守护我们美丽的家园。

彭涛(湖北)：子承父志护长江，智慧巡查斗非法

彭涛，1993 年出生，现为湖北省武汉市江夏区金口街协助巡护员。他的祖辈世代以捕鱼为生，从小生活在渔船上的他，对长江有着深厚的感情。2020 年，长江十年禁渔政策实施，彭涛的父亲响应号召，成了一名护鱼员。2021 年，父亲因病离世，彭涛毅然接过父亲的接力棒，加入渔政巡护队成为协助巡护员，同时他又探索协助巡护员新的功能，成为一名年轻的导钓员，引导休闲垂钓，用行动守护着家乡的长江。

一、儿时记忆，鱼欢豚跃鱼米之乡

彭涛的童年是在渔船上度过的。由于父母常年外出捕鱼，他从小就被寄养在大姨家。每当寒暑假，他便会兴高采烈地登上渔船与父母团聚，一起体验捕鱼的乐趣。江夏区的长江流域，水质清澈，鱼类资源丰富，是江豚的栖息地。彭涛记得，小时候在沌口江段捕鱼时，每年暑假都能看到江豚跃出水面，尤其在快要刮大风的时候，它们会成群结队地出现在江面上嬉戏玩耍，成为他童年最美好的记忆之一。彭涛很珍惜的在船上的时光，不仅能和父母团聚，还能和江豚有一场美丽的邂逅，这也让彭涛感觉和江豚有个约定一样，每次上船要是没看到江豚，他的心

里总感觉空落落的，他们到底去哪里了呢，会不会有什么危险呀，他心里难免会多想。

那时父母捕鱼虽然辛苦，但是收入还不错，彭涛从小也没有饿过肚子。在彭涛的记忆中，在看到江豚的地方也能看到大鱼跳起来，有的身上是黑的，他一开始还分不清到底哪个是鱼哪个是江豚。鱼欢豚跃的景象在童年的彭涛心目中留下了深刻的印象，他也在懵懵懂懂中明白，长江养育了我们，给我们提供各种资源，但是那时候他也并没有想到短短一二十年时间长江会发生翻天覆地的变化。

由于人类活动的影响等综合因素，长江生态环境出现恶化，父母捕鱼也是越来越难，经常出去一天也捕不到几条鱼。长江武汉段的江豚数量也是越来越少，彭涛印象中上了初中以后再上渔船就很难见到江豚了，到了后来就彻底见不到它们的身影了。据中国科学院和农业农村部根据长江科考的数据发布的报告显示，2012 年到 2017 年期间整个长江流域长江江豚的种群数量都在快速下降，2012 年长江流域江豚科考结果显示江豚种群数量仅存 1 012 头，并且长江干流中的种群数量正在以每年 13.7% 的速率快速下降。那时候彭涛正在外地，在新闻上看到这个消息心里难受了好几天，总感觉要做点什么，但是又不知道做什么。每次从外地回到家里，彭涛总是喜欢一个人去长江边走一走，希望那个黑黑的身影能出现在长江里，但是一次又一次的期待落空。

二、子承父志，接过生态保护接力棒

2020 年，长江十年禁渔政策实施，彭涛的父亲积极响应号召，转产上岸成了一名护鱼员，负责巡查长江，协助渔政管理部门打击非法捕捞和保护长江水生生物。彭涛知道后还很为父亲骄傲和自豪。哪知道，天有不测风云，2021 年父亲因病离世，彭涛在悲痛中也面临着人生的重要抉择：是继续以前的工作还是回到家乡接替父亲未完成的使命？彭涛内心也挺矛盾，原来的工作自己已经做得得心应手，而且收入也很可观；但是父亲去世后家里的一家老小也需要照顾，能在家门口工作虽然收入少了很多，但是照顾家里很方便。回想起小时候与父母在船上的点点滴滴以及承载了他大部分童年快乐的金水河，彭涛毅然选择了后者，收入什么的都可以暂时不考虑，自己还年轻，挣钱还有的是时间和机会，但是保护长江的责任在自己身上不能不扛起来，完成父亲未竟的事业。他加入了渔政协助巡护队，穿起父亲留下的巡护马甲，用脚步去丈量金水河的每一寸土地，用自己的行动守护着家乡的长江，最重要的是希望有一天江豚能回来。

彭涛年轻，学习能力强，熟悉电子设备和新兴应用，在巡护队里，他除了负责日常巡护外，还承担了大部分文职工作，尤其是拍摄、记录和宣传工作。2022年4月14日，彭涛在"渔政天网系统"的监控视频中发现一名嫌疑人正在金口街联合村长江边疑似使用禁用渔具（钩刺耙刺）进行捕捞。嫌疑人所在的水域是交接水域，而且离岸边也比较远，这两天正在下雨，堤坝上太滑，走路都走不稳。当时天也快黑了，监控室值班的只有两名巡护员和一名渔政员，其他的同志都在执行其他的任务。另一名巡护员年龄比较大，外面路太滑，彭涛主动请缨和渔政人员去，另一名巡护员看监控随时和他保持沟通。两人一跌一滑的绕到非法捕捞人员的身后，亮明身份，检查渔具，果然是非法渔具，现场还有渔获物，拍照取证。两人把嫌疑人带回江夏区农业综合执法大队进行后续处理。再看两人满身都是泥巴，像个泥猴子一样。嫌疑人看到两人这样，也是一再保证以后再也不敢了。

长江禁渔后，江豚又悄悄地回到了长江武汉段。2022年4月的一个清晨，彭涛和同事正在巡护工作站打扫卫生，突然看到一群江豚出现在工作站前的江面，它们在江面上翻转嬉戏，看样子应该是在捕鱼吃。彭涛激动得汗毛都竖起来了，立刻拿起手机跑出去，担心跑到江边江豚游走了，赶紧找了一个地势较高的位置拍下了珍贵的影像资料。经过仔细观察发现，这一群江豚有4头，都长得很壮实。这段视频后来

被媒体发布广泛传播，向武汉市民宣布，江豚又回归武汉啦。此后很多次拍到江豚出现在武汉江段。

三、休闲垂钓，仍需规范和有效倡导

金水河是长江的支流，直通长江，拥有丰富的鱼类资源。2022 年，抖音大 V 在金水河直播钓鲢鳙，吸引了大量钓友前来垂钓，金水河也成了网红钓点。然而，大规模的垂钓活动也给环境带来了压力。钓友们产生的垃圾以及违规垂钓行为，都对长江生态环境造成了破坏。2022 年 10 月，在汇丰银行（中国）有限公司和北京市企业家环保基金会的支持下，湖北省长江生态保护基金会联合武汉市钓鱼协会在武汉推广"退捕渔民不离乡土，就地参与长江流域水生生物保护"及引导规范垂钓的协助巡护，提高长江流域渔政协助巡护能力，同时探索垂钓休闲渔业等替代生计的"导钓员"模式。这个创新岗位充分发挥了退捕渔民熟悉鱼类知识、巡护队伍长期在水边检查垂钓活动的特点。

面对金水河钓鱼的现实问题，彭涛也加入导钓员的探索中来，他和同事们积极采取措施，提供垃圾袋给钓友装垃圾，并组织违规钓友进行捡垃圾活动，宣传文明垂钓。彭涛和同事们意识到，光靠宣传文明垂钓是不够的，还需要让钓友们真正理解禁渔的意义，并自觉遵守相关规定。于是，他们开始利用网红的影响力，邀请一些钓鱼大 V 在金水河进行文明垂钓、规范垂钓的正能量宣传。他们相信，只要钓友们都能遵守"一人一竿一线一钩"的文明垂钓规范，清理好钓鱼垃圾，长江的环境就会越来越好，鱼也会越来越多。2023 年 8 月，主管部门发布公告宣布金水河开始禁钓。

彭涛深知，长江保护是一项长期而艰巨的任务，需要一代又一代人的努力。他将继续秉承父亲的遗志，不忘初心、牢记使命，为长江保护贡献力量，让江豚重现长江，让长江变得更加美丽。

彭涛的故事，是长江保护的一个缩影。正是无数像彭涛一样的年轻人，放弃了自己的舒适生活，选择守护长江，才让长江生态环境得到了改善，让江豚等珍稀水生动物得以繁衍生息。他们的行动，也激励着更多的人加入长江保护的行列中来，共同守护我们赖以生存的母

亲河。

 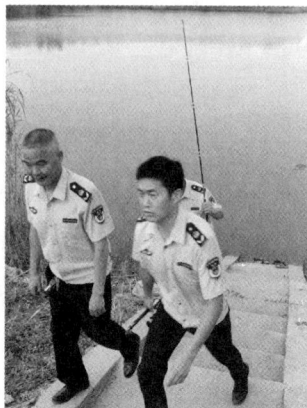

周界武（湖南）：洞庭月影江豚笑，转产上岸新生活

周界武，1966 年出生，现为湖南省岳阳县东洞庭湖协助巡护队的协助巡护员。一位与洞庭湖相伴了 40 多个春秋的渔民，他的黝黑皮肤和饱经风霜的脸庞，见证了洞庭湖 40 多年来的历史变迁，从鱼丰人乐到转产上岸，从迷茫到找到转产新方向，从江豚等水生生物的变化与渔民生活的变化到保护理念深入人心。相信八百里洞庭在大家的共同努力下终究会恢复到往日的繁盛。

一、一湖寡水，洞庭美景不在，内心迷茫

周界武很好认，在岳阳县东洞庭湖城陵矶站旁，站在船头上最高的那个就是他，饭桌前坐得最直的那个也是他。湖上劳作一辈子，黝黑的皮肤、饱经风霜的脸，是他的"身份标识"。生在长江边，长在洞庭湖畔。2024 年 58 岁的周界武出生于湖南省岳阳县的一艘渔船上，他的祖辈、父辈都是洞庭湖上的渔民。在渔船上长到 8 岁后，周界武的父母将他寄养在岸上的亲戚家中读书，到 15 岁时，周界武又回到渔船上随父母一起打鱼。

至今周界武仍然记得童年在渔船上的情形，耳边仍然会响起父亲撒网的号子声。那时候，洞庭湖的水清澈见底，鱼儿成群结队，捕鱼丰收的场景历历在目。然而，随着时间的推移，洞庭湖的生态环境逐渐恶化，过度

195

捕捞和环境污染导致鱼类资源日益减少，曾经熟悉的场景逐渐消失。

"我们祖祖辈辈在湖里捕鱼，看到没有鱼了，真的很心疼。"周界武说。他目睹了洞庭湖的变迁，也感受到了生态环境的脆弱。他深知，如果不采取措施，洞庭湖将会变成"一湖寡水"，子孙后代将无法享受到洞庭湖的馈赠。

与洞庭湖的水打了40多年交道，作为岳阳县麻塘镇捕捞社区的渔民，周界武对东洞庭湖的地形水域、坑洼高低、鱼多鱼少了如指掌。常人见不到的鱼他见过，常人去不了的地方他去过，常人没遇到过的天气他遇到过，总之，他是公认的洞庭湖里的"老麻雀"、老江湖。小时候跟父母一起捕鱼时，鱼的个体大，种类也多，特别是一些珍贵鱼类，成群结队，随处可见。周界武说，洞庭湖的鳗鱼，那个时候随便下网捕捞，只要一网子拉上来，很多是一斤多一条的，两三斤一条的也不少，而现在这种场景也只存在自己久远的记忆中。

周界武幼年时期还没下水前，会拿着小桶站在船上，看父亲往湖里"撒大网"，他会指着捞起来的鱼，小碎嘴问一旁的母亲："这鱼儿叫什么，怎么和那条不一样？"到自己能下水后，他学着父亲，撒起了"丝网"，丝网更细密，也更结实，拉起很多以前周界武没见到过的小鱼。

周界武说，这个过程最大的改变就是，以前看到网子里的鱼儿，自己会感到惊喜和兴奋；如今，站在船上看到网子里的鱼，会觉得难过和失落。鱼越少，渔民的竞争就越激烈，电鱼、炸鱼、下"绝户网"，大伙儿也知道不能竭泽而渔，但又无能为力。

二、投身保护，护鱼护豚坚定不懈

2005年，周界武成了东洞庭湖自然保护区管理局的一名协管员，主要的工作是协助巡查湿地保护区的一些偷猎捕杀等违法行为，但那时候他负责的保护对象还是鸟类。实际上，这份兼职工作在某种程度上，唤醒并加深了他在动物保护方面的公共意识。兼职做了12年后，2017年6月，当湖北省长江生态保护基金会和阿拉善SEE公益机构提供资金发起和组建洞庭湖江豚协助巡护队时，他又积极报名参加，成了一名江豚协助巡护员，而这份工作也不再是兼职，而是全职保护江豚。

周界武（湖南）：洞庭月影江豚笑，转产上岸新生活

国家保护长江生态的决心和力度越来越大，渔船上岸势在必行。一听说要上交自家的渔船，大家都有些不愿意。周界武也舍不得陪伴了自己一辈子的船，但是，他更想给子孙后代留下一个生机勃勃的洞庭湖。"退捕禁捕势在必行，不搞的话，洞庭湖真的会是一湖寡水，以后子孙后代就没有鱼吃了。"这种理念是周界武想要传达给那些曾经与他一起下水而至今还未转业上岸的渔民们的。但理念的传播扩散，从"协助巡护员周界武"这个头衔开始，就受到阻力。

"他肯定是收了不少好处，才出来这么做的。""他可好，有地方去，我们能去哪儿？""都是左邻右舍，你突然间加入护鱼队，又来抓我们。"老渔民们反感他，有时候，这些随口而出的话，像是扎在肉里的刺，实质性伤害在于不怎么好挑出来。虽说被人戳脊梁骨，但周界武觉得自己是党员，得起带头作用，他相信有一天大家会理解的。

后来自己亲手抓了自己的亲外甥，周边村民的舆论把周界武推到了风口浪尖。周界武回忆，2017年的下半年，一艘巡护的冲锋舟正在麻塘外湖的沿岸缓缓向前。靠近外湖的湖心，间断响起一阵鱼群连击水面的弹跳声，舟上的周界武暗示随行巡护员提高警惕，突然，湖中心闪烁出了两个红色光源点。"快，打灯！"周界武大吼，顺着强光手电照过去，两个身穿黑色涉水裤的人站在木船的一头一尾慌忙收网，嗡嗡作响的柴油机启动了。"不要跑，往哪儿跑！"沿岸埋伏的冲锋舟像支离弦的箭，划破漆黑的湖面，"嗖"的一声飞了出去。深夜12点，周界武和同行巡护的队员们抓到了2名深夜运作的非法捕捞渔民。但这次让周界武没想到的是，其中一名非法捕捞者正是自己的外甥刘涛。电瓶、电网、升压器、柴油机还有100多千克活鱼，眼前的罪证让舅舅周界武气愤不已，他既气愤又心疼，但他还是把外甥带到了渔政站接受处罚。

因为抓了自己的外甥，周界武被家人亲戚们轮番骂了个遍。刘涛也从心里恨这个舅舅，发誓和这个舅舅老死不相往来。过年家庭聚会的时候，周界武找外甥长谈了很久，和他分析了目前的形势，捕鱼已经干不下去了，生态保护不仅是为了我们这一代，更是为了子孙后代还有一个美丽的洞庭湖。慢慢地，外甥听进去了，也理解了舅舅，年后刘涛就到市里找了一份天然气安装的工作，通过自己勤劳的双手也给自己的小家庭带来了温

暖幸福。如今，刘涛很感谢舅舅，如果当初舅舅私自放了自己那就害了自己，自己肯定在非法捕鱼的迷途上越走越远。

洞庭湖是长江流域仅有的两个大型通江湖泊之一，岳阳管辖的东洞庭湖水域是江豚最主要的分布区，江豚数量占整个洞庭湖流域的3/4以上。每年冬末初春的枯水期，江豚易搁浅，非法捕捞的活动也多了起来。2017年9月，王建辉、周界武和他们的队员们曾一起耗时5小时拆除两千余米大型围网。发现围网的地点是在城陵矶渔政站管辖的水域，当时周界武被分到了鹿角分辖站，因为人手不够，他们第一时间都赶了过去。周界武回忆，非法捕鱼分子很狡猾，在围网的水底下还打了桩，网很难收。"9月份的湖水有些凉，当时水位有1.6米深，我们都是潜到水底，先用刀子把网割破再取桩的。"

刚开始，地笼网、拉拉糊、滚钩、拦河罾、海竿阵，这些专业钓鱼人和渔民的下水"神器"，已然成了各种鱼类的"天罗地网"。王建辉说，自巡护队成立4年来，巡护东洞庭湖13.28万公顷的水域，巡护对象在以江豚为主的基础上拓展为所有水生生物和野生动物。联合渔政巡查发现并移交非法捕捞案件百余起，配合渔政清理了上千个"迷魂阵"，并多次救护江豚、中华鲟、胭脂鱼、娃娃鱼等重点保护水生动物。

巡护队的制度，由以前的"二加三"变成了现在的"三加二"。如今整个巡护队按照安排三名渔政部门的执法人员和两名协助巡护队的巡护员来参与湖面排查。前者拥有执法证，后者具备协助资格，这种配合是为了让制止违法行为和实施救援活动更有效率。

2020年，在湖北省长江生态保护基金会的持续支持下，洞庭湖江豚协助巡护队的队员增加到20人，其中转产转业的渔民17人。以前20个人分在城陵矶站、鹿角站、北洲站、红旗湖站、执法大队5个分辖站点，如今大部分站点的名字把"站"换成了"中队"。周界武原先所在的鹿角站，现在改为麻塘中队。

周界武和队员们在巡护队不仅保护江豚和洞庭湖鱼类，其他的水上工作都会积极参与。2024年6月，洞庭湖已经超警戒水位两米多。7月5日，华容团洲垸出现险情，最终因抢修失败而导致溃垸，周界武和岳阳县渔政局的同事们驾船赶往溃坝处抗洪抢险。他们主要负责运输物资和人员，从早到晚几乎不停歇，不停地开船，不停地搬运物资上下，每个人几乎都在连轴转，每天就睡在船上，也只能睡个三四小时，饿了就吃点饼干，就这样坚持了七天七夜，终于有效排除了险情。驾船回去的时候，周界武感觉紧绷的那根弦松了以后整个人疲惫不堪，手已经无力到快转不动船舵，再看看队友们每个人都晒得黑不溜秋的，几乎连说话的力气都没有了。

三、转产上岸，养虾致富，"水手"远航

岳阳县麻塘镇渔民新村有个"渔民驿站"，墙上贴满洞庭湖上生活老照片，挂着40多年前的马灯，陈列着数十种渔网、笼网、滚钩，俨然一个渔业"博物馆"。驿站大厅，一张用拆解的船板做成的大长桌，长逾10米，异常醒目。

"湘岳县渔·40084。"周界武指着一块渔船牌号说，这是渔民共同的记忆，经常可以看看，一起"忆苦思甜"。"渔民驿站"，也是渔民转产就业的"心灵加油站"。五六十岁的渔民上岸后，面临养老闲不住、找工作年龄大的尴尬。大家经常聚在"渔民驿站"，共谋发展之路。交了船，上了岸，大家都有些迷茫。打了一辈子鱼，别的什么都不会，接下来能干什么呢？这样的担心没持续几天。很快国家的补偿款发了下来，县里还为大家提供免费的技能培训，组织了专场招聘会。如果自己创业，政府还会提供贴息贷款。有一次培训讲"稻虾合种"，周界武心里一琢磨，觉得可以试试："我就约了几户渔民一起成立了合作社，搞稻虾混养，第一季我们搞了45亩。抱着试试看的心态，究竟赚不赚得到钱心里没底。"

周界武用补贴款租了地，买了设备和虾苗。县里派来了技术员，手把手教他们种稻养虾。不知不觉中，天变蓝了，洞庭湖的水清了，湖里又能看见活蹦乱跳的鱼了。因为水质好了，周界武养的稻虾收成也不错，小龙虾品质高，市场不用愁。创业当年，合作社就回了本；第二年，他们又在君山区流转130多亩土地，扩大种养规模。如今，合作社股东增至8户，都是退捕渔民。30多人干劲十足，每年仅小龙虾收入就达50多万元，加上后期水稻收益，渔民端稳了饭碗。好山好水好人家，环境好了，许多城里人都来休闲度假，大伙儿又多了一个致富的门路。

如今，"巡护的时候，鱼就跃出水面，有时候能跳到巡护船上"。周界武说，"还有很多小江豚，这证明洞庭湖里面的生态发生了变化，越来越好。"目前，洞庭湖水域生态正加速恢复。据湖南省农业农村厅数据显示，洞庭湖2021年监测到的水生物种类较2018年增加了近30种。近30年在洞庭湖难觅踪迹的胭脂鱼、鳡鱼，重新出现在人们的视野之内，洞庭湖上"沙鸥翔集，锦鳞游泳"的景象渐渐重现。而变身为生态保护"吹哨人"的周界武，也期待着未来和"水清鱼肥"的重逢。

周界武始终保持着对洞庭湖的热爱和对生态环境的敬畏之心。他希望通过自己的努力，让洞庭湖变得更加美丽，让子孙后代能够生活在绿水青山之间。"保护生态环境，功在当代，利在千秋。"周界武说。他希望更多的人能够加入生态环境保护行动中来，共同守护我们的绿水青山。

周界武，一位普通的协助巡护员，用他的行动诠释着责任与担当，为洞庭湖的生态保护做出了巨大贡献。他的故事，是无数护鱼人的缩影，也是生态文明建设的生动写照。

李世伦（重庆）：退渔护水显担当，大溪河畔英雄志

李世伦，1969 年出生，现在是重庆市武隆区的渔政协助巡护员。作为一名曾经以捕鱼为生的渔民，在开餐饮店养家糊口的同时，他与这片水域的深厚情缘却从未改变。2020年，李世伦积极响应禁渔政策，放下了手中的渔网，转而投入保护家乡水域的工作中。虽然他从捕鱼生涯中"上岸"，但他对大溪河的热爱始终未变。每天他都会来到大溪河边，观察周围环境，查看有无非法捕捞和违规垂钓的情况，并顺手捡走垃圾，默默守护着这片绿水青山。从渔民到护鱼队长，李世伦怀揣着守护长江的使命感，以智慧与勇气引领生态保护，荣获多项荣誉，成为禁渔护鱼的典范。

一、从渔民到护鱼员：使命的崇高转变

李世伦是土生土长的重庆人，他的生活轨迹与长江紧密相连，长江的波涛伴随着他的每一个日出日落。在长江及其支流大溪河上，他度过了无数个日日夜夜，用勤劳的双手在水中撒网捕鱼，这些鱼儿不仅是他家庭的经济来源，更是他与大自然和谐共处的见证。大溪河对他而言，不只是一个谋生的地方，更是一个心灵的避风港，一个可以让他在繁忙和压力中找到宁静和安慰的归宿。

然而，随着国家对长江生态环境保护的重视，为了确保长江渔业资源的可持续发展，国家实施了长江十年禁渔政策。十年禁渔政策出台后，李世伦重新审视自己的生活方式和谋生手段，他深刻地意识到，自己要改变，跟随着长江保护一起改变，他知道保护长江渔业资源是为了整个长江生态系统的健康和可持续发展。他开始思考如何在新的政策环境下，找到一条既能保护环境又能维持生计的新路。

经过深思熟虑，李世伦决定不再依赖捕鱼来维持生活。他主动放弃了祖辈们传承下来的渔网，转而投身于水域生态保护的伟大事业中。这不仅仅是他对国家政策的积极响应和支持，更是因为他内心深处对母亲河怀有的深深感恩和报答之情。在家人的鼓励和支持下，李世伦在 2021 年正式成为了一名护鱼队员，并且担任了鸭江镇护鱼队的队长。这个全新的身份赋予了他更多的责任和使命。

作为一位负责的护鱼员，李世伦每天都会前往大溪河鸭江段，进行护鱼巡查工作。发现并协助渔政主管部门打击非法捕捞是李世伦的职责之一，水生生物保护和救助也是巡护员的工作内容，除此之外，宣传长江大保护和长江十年禁渔政策也是巡护员日常在开展的工作。近年来，由于鱼类资源的初步恢复，垂钓的人数越来越多，其中还是会有部分人员在禁钓区、禁钓期违规垂钓，协助渔政部门劝导和打击违规垂钓也是巡护员大部分时间在开展的工作。

李世伦深知，长江作为中国第一大河流，其生态平衡对于维持生物多样性具有至关重要的影响。因此，他总是不遗余力地宣传保护长江的重要

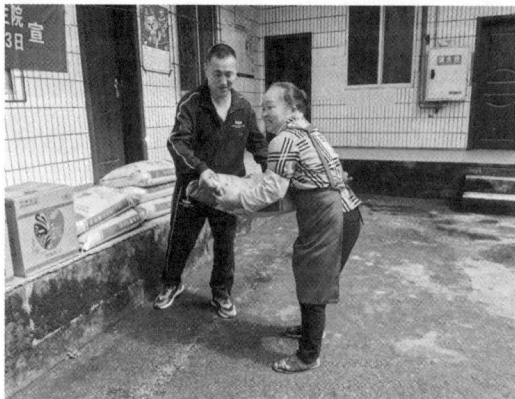

性，通过各种渠道向公众普及禁捕知识。他和队员们经常走进社区宣传，开展讲座发放宣传资料，向居民们展示长江生态系统的现状和保护长江的紧迫性。他希望通过自己的努力，能够唤起更多人对长江生态保护的关注，呼吁更多的人积极参与到这项伟大的事业中来，共同为保护我们的母亲河贡献一份力量。

二、精细化管理与智慧护鱼：用心做好每一件事

李世伦在执行任务时，总是表现得非常认真和细致。他不仅仅依靠自己的勇气和力量去完成任务，更将自己心思缜密、细致周到的特长运用到工作中来。鸭江镇党委副书记谭江鱼对此深有感触，他说道："不要以为李世伦只是凭借一身勇猛做好事，其实他也是一个心思细腻的人。在护鱼工作中，他总是能够注意到许多细节，确保每一项任务都能顺利完成。他的工作态度让人非常敬佩。"

李世伦深知，要想有效地保护水域生态环境，政策的宣传和落实是至关重要的环节。因此，他不仅仅局限于传统的宣传手段，比如通过口头宣讲和发放宣传单来普及环保知识，还积极创新方法，利用社群宣传的方式，组建了一个名为"大溪河鸭江段垂钓"的微信群。在这个微信群里，他能有效向垂钓爱好者介绍哪里允许钓鱼哪里是禁钓区，还能传递关于水质状况、降雨情况等的重要信息，同时也不遗余力地宣传禁渔政策和物种保护的相关知识。

通过这些多样化的宣传方式，他不仅显著提高了村民们的环保意识，还有效地增强了社区居民对生态保护的参与度和积极性。村民们开始更加关注自己生活环境的变化，积极参与到保护水域环境的行动中来，共同为维护生态平衡和可持续发展贡献力量。

李世伦很熟悉《重庆市休闲管理垂钓办法》，他不仅对每一个条款的具体内容了然于心，而且对整个法规的背景、目的和实施细节都有着深刻的理解。他深知，只有全面掌握这些规定，才能在实际工作中准确无误地执行，确保每一个环节都符合法规要求。他常说："作为巡护员，每一条规定我们必须记得清清楚楚，这样才能在护鱼行动中严格按照相关规定履行我们的职责。"正是由于他对这些规定的熟悉，使得他在劝离违规垂钓

者时，对方都能心服口服地接受。他的专业知识和严谨态度，不仅赢得了同事们的尊重，也树立了良好的执法形象。

为了更好地完成工作，李世伦利用了"今日水印相机 APP"和"重庆渔政视频 AI 预警处置系统"这两种技术手段。他通过"文字＋影像"的方式详细记录了每一次巡护工作的过程。这些技术手段不仅帮助他准确地捕捉到违规垂钓行为，还使他能够及时地向相关部门报告情况。自从2021 年 11 月以来，李世伦已经参与了 850 余次的渔政部门的执法行动，进行了 600 余次的安全文明垂钓宣传，劝离了 300 余名违规垂钓者，并协助渔政部门收缴了 160 余件违规渔具。他的工作成绩不仅展现了他对长江禁渔工作的执着精神，也充分体现了他对水域生态保护的责任感。

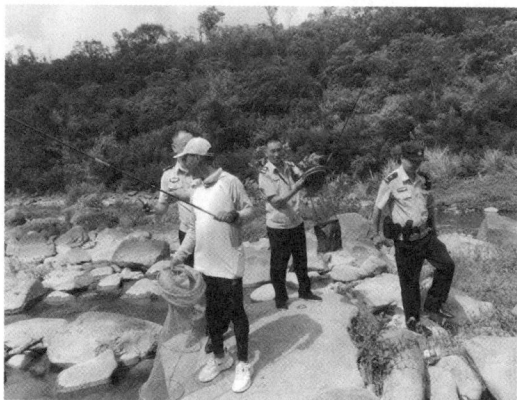

三、无怨无悔，英勇守护：在逆境中展现英雄本色

李世伦的护鱼工作不只局限于日常的巡逻，他还勇敢地面对了许多艰难的挑战。在大溪河的鸭江段，尤其是在禁捕期间，渔政管理工作承受着巨大的压力。该区域的自然环境吸引了大量外来和本地的垂钓爱好者，这使得管理任务变得异常艰难。然而，面对这些困难，李世伦从未选择退缩。他怀着极高的责任感和使命感，无论白天黑夜，始终坚守在自己的巡护岗位上。

在巡护大溪河的过程中，李世伦曾多次面临各种危险情况。在茂密的草丛中行走时，被毒蛇咬伤过，被蜜蜂蜇伤过，至于蚊虫叮咬对他来说更是如同家常便饭一般。然而，尽管面对这些困难和挑战，李世伦从未有过丝毫动摇。他始终坚守在自己的岗位上，用自己的辛勤努力和汗水，默默守护着大溪河的生态环境。

每当禁钓期结束，鸭江镇护鱼队便开始忙碌起来，他们经常需要救助那些因过分专注于垂钓而未察觉水位上升的垂钓者。2023 年 7 月 20 日上午 10 点左右，李世伦在大溪河巡护，因为河道水位急速上涨，情况紧急已经来不及检查垂钓者的鱼钩是否合规了，他使用扩音器提醒垂钓者水位上涨危险要立即离开，并提醒大家注意安全。水位越来越高，他突然发现月亮湾段的河道中央好像有个人，似乎是被困住了。李世伦让同行的巡护员拉紧救生绳的一端，将另一端绑在自己腰上毫不犹豫地跳入河中，将受困者救上岸。在返回镇上的途中，大约上午 11 点，李世伦得知大溪河丝厂段又有垂钓者陷入困境。他来不及更换湿透的衣物，立马又加入新一轮的救援行动中。仅在 2023 年 7 月 1 日以来，鸭江镇护鱼队已成功救助了 4 名受困者，并协助平桥消防队救助了 1 人。2023 年以来，李世伦还在巡护过程中多次勇敢地帮助了遇险群众。他不顾个人安危，挺身而出救人于危难的义举，赢得了社区民众的广泛赞誉。2024 年，李世伦获评"重庆好人"、武隆区"见义勇为"先进个人等荣誉。

"我很感恩这个社会，只想尽我所能，实实在在地为长江做点事。"李世伦的努力不仅体现在个人的工作成绩上，也在于他对整个社区的积极影响。在他的推动下，大溪河的生态环境得到了有效保护，村民的生活质量得到了提升，他们开始自发地

拥抱环保，积极投身到保护家园的行动中。未来，李世伦仍将继续坚守在护鱼岗位上。那份对大溪河深沉的爱以及对生态保护坚定不移的执着，将是他永恒的动力源泉，推动他继续在协助巡护的道路上砥砺前行。岁月或许会流转，但他的初心与热情，却如同大溪河的水，永远清澈。

雷蕾(陕西)：巾帼不让须眉志，守得丹江生态兴

雷蕾，1987 年生，现在是陕西省商洛市商州区的渔政协助巡护员。从 2022 年成为协助巡护员开始，雷蕾以强烈的责任感和使命感，紧紧守护着丹江河的生态环境。在日常的巡查工作中，她不怕辛苦，遇到突发情况能机智应对；在夜间巡查时，她更是勤奋不懈，不放过一丝"蛛丝马迹"；在巡护工作之余，她还进学校到社区开展禁捕宣传，让共同守护丹江生态的理念深入人心。

在面对挑战和委屈时，她始终坚持原则，耐心劝导，展现了坚韧和智慧的一面。经过她的不懈努力，丹江河的生态环境得到了有效保护，水生生物也得到了恢复，赢得了大家的广泛好评。她用行动证明，守护生态环境，每个人都可以是行动者。

一、从善如流：入职巡护的真与诚

2022 年，雷蕾通过新闻报道和网络信息了解到，许多曾经以捕鱼为生的渔民们响应国家十年禁渔的号召，与过去的传统捕鱼生活告别上岸开启了新的生活，其中有一部分渔民转型成为协助巡护员。他们很多都是打了几十年鱼的老渔民，有的已经五六十岁了，毅然放弃了曾经维持生计的方法，在自己曾经辛勤捕捞的水域中，发挥渔民熟悉水情鱼情的优势，协

助渔政主管部门打击非法捕捞，保护水生生物。媒体上一个个故事看哭了雷蕾，没想到退捕渔民付出了这么多，但是她同时也看到了很多渔民转型而来的巡护员诉说的困难。他们年龄偏大，对于网络和新的事务，因为文化程度等原因有诸多困难，急需年轻人加入协助巡护队伍。但是，因为很多地方协助巡护员的工资低工作苦，很难招聘到年轻人加入。

于是雷蕾从外地辞去原来高薪的工作回到了家乡，经过考核和面试体检，2022年5月，雷蕾终于成为一名正式的协助巡护员。起初，鉴于需兼顾家庭与年幼的孩子，雷蕾的家人对她投身这份职业持保留态度。然而，雷蕾以她超乎常人的责任感，在丹江河巡护员与母亲这两个角色间游刃有余地切换。她深知，作为巡护员，她必须恪尽职守，守护一方水域；同时，作为母亲，她亦不能缺席孩子的成长。

协助巡护员的工作很辛苦也很琐碎，有些时候夜间也要巡护，每天工作的时长比较长，对于男同志来说都觉得很累，而雷蕾作为女巡护员同样要去经受这些，同时因为不固定的作息与随时应对突发状况，极大地考验着每一位巡护员的抗压能力。同时，她还是个年幼孩子的母亲，因丈夫在外地工作而独自一人带孩子，雷蕾时常在家庭与工作的双重责任间奔波，偶尔疲惫与委屈会悄然涌上心头，但她总是选择将这些情绪深藏心底、独自承受，以坚韧不拔的态度继续前行。"有时候在家正在做饭，有举报电话，我会第一时间赶到现场去。不管是周末还是其他节假日，只要有举报电话，我都会第一时间赶到现场去。在选择这条路之前我已经做好了准备。"雷蕾的话语中透露出不易，却也彰显了她对职责的坚守与对家庭的深情。雷蕾的工作大家也都看在眼里，同事们经常夸赞她是"女强人"。2022年冬一个周末的傍晚，雷蕾正在家给孩子做饭，接到上级的紧急电话，江边有违规垂钓情况发生。雷蕾想像往常一样把孩子放在邻居家帮忙照看一下，但是那天不巧的是邻居都外出了，孩子小她不放心把小孩子一个人锁在家里，只能抱上孩子火速赶往现场。到了现场以后，雷蕾抱着孩子苦口婆心地和违规垂钓者讲解相关政策，拍照取证后直到渔政执法人员赶来以后她才带着孩子回家，孩子已经被冻得鼻涕直流。面对家人的埋怨与反对，雷蕾解释说："不是看上那一点补助，而是这么重要的工作得有人干，保护生态是光荣的事。我是在积极响应党中央的号召，做这份工作我心里踏实。"

随着日子一天天过去，长江之畔的环境日益改善，大保护的成果逐渐显现，这份变化也悄然改变着家人的态度。他们开始理解并支持雷蕾的工作，成了她最坚实的后盾，让她的内心充满了安宁与力量。

二、水来土掩：巡护策略的矛与盾

雷蕾自加入协助巡护队伍以来，她积极协助处理了超过 3 000 起违规垂钓的案件。此外，她还成功协助执法部门制止了 25 起违法捕捞事件。在基层开展工作，雷蕾直面复杂多变的社会环境与多变的各种挑战。她坚持每日对责任河段进行灵活机动的巡查，尤其是在夏夜，非法垂钓活动猖獗之际，她更是加大巡查力度，发现一个举报一个，协助渔政部门有效遏制了非法垂钓之风。雷蕾精心策划并不断完善巡护策略，以应对不断变化的形势。她不仅积极宣传禁渔政策，更以耐心细致的劝导工作，努力转变垂钓者的意识与行为，深知法律之外人心向善的力量同样重要。

在巡查过程中，雷蕾对非法垂钓重灾区尤为关注，详尽记录每一次巡查发现的问题、劝导成效及关键证据，力求从根源上解决问题。她既是问题的发现者，也是解决方案的探索者，通过拍照取证、及时联动执法人员等方式，有效应对各类情况。面对违法捕捞者，雷蕾展现了法律素养与人际交往能力的双重优势，即便面对危险，也能保持冷静，以最小的冲突解决问题，确保了自身安全的同时，也维护了法律的尊严与河道的生态平衡。

2023 年春天的一天，雷蕾在丹江河边巡护，发现两位钓鱼的老人。她走到两位老人身边与他们交流，提醒他们现在国家实行十年禁渔政策，这里是禁渔禁钓区，但是两位老人却仿佛没听见一般。随后，旁边有人告诉雷蕾，老人们中一位患有脑梗，另一位心脏不好，建议她最好别管了。雷蕾深知，如果怕麻烦怕意外就置之不管，以后会有更多的人"效仿"，不利于水生生物的保护。她将照片记录之后发送给渔政管理部门备案，然后耐心和两位老人讲解政策，动之以情晓之以理，其实两位老人在河边很久了也一条鱼没有钓到。面对老人们的不以为意和偶尔的抵触言辞，雷蕾始终保持耐心，一次次地耐心讲解禁捕的重要性和水生生物保护与我们人类的关系、对子孙后代的好处。一两小时过去了，两位老人逐渐从一开始的完全抵触到后来慢慢听得进去，最后两个老人都收拾鱼竿走了，说以后再也不来这里钓鱼了。

白天，雷蕾要面对的是为了消磨时间来和他打"游击战"的垂钓者；夜幕降临时，她更是时常需深夜蹲守，以应对突发情况。尽管工作压力巨大，雷蕾非但没有被压垮，反而更加坚韧不拔，不断提升着自己的工作质量与效率，将每一项任务都完成得愈加出色。

三、滴水穿石：基层工作的泪与汗

雷蕾不仅仅在现场巡查上用心，还极其重视学习，一旦有相关培训，雷蕾总是会第一个报名参加；有时候因为巡护等原因没能现场参加的，她也总是从同事那里要来培训资料自学，不懂的地方标注出来再向同事请教。她深知，只有自己深度掌握了最新的政策，掌握更多的水生生物保护的知识，才能心里有底，才能有效应对突发的情况和各种巡护中的困难与变化。除了培训的知识，雷蕾还自学和环保相关的法律法规，在医院的急诊科学习急救知识，和水上救援队学习一些救护的技巧，凡是在巡护工作中可能用到的知识，一有机会她都会主动学习。她知道只有自己有足够的准备，在实际工作中遇到各种复杂情况，她才能从容应对。

在雷蕾等渔政人员和巡护员的不懈努力下，丹江河的生态环境面貌焕然一新。她每天的巡护已经形成了常态，连垂钓者都对她这位"守护者"印象深刻。对于那些被视为垂钓"宝地"的河段，雷蕾更是增加巡查频次，耐心向每位垂钓者解释禁渔政策并做好拍照记录汇报给渔政管理部门，多数时候，他们都能理解并配合离开。然而有的时候，有些垂钓者看似听劝告离开了河边，等雷蕾再次巡查到此处时，却发现他们又回来了。对于这种屡禁不止的现象，雷蕾也很无奈，巡护员没有执法权，只能劝导和做好记录和汇报给渔政主管部门，在渔政人员赶来之前保存好证据，方便渔政执法人员快速处理案件。

雷蕾的工作成效显著，得到了社区和公众的广泛认可。通过她的宣传，越来越多的社会公众了解到禁渔政策的意义和重要性，非法捕捞行为得到了有效遏制。雷蕾表示，看到丹江河水质的改善，听到群众对生态环境变好的评价，她感到无比欣慰。雷蕾希望未来能够参与更多生态保护的活动，提升自己的专业技能，同时也希望能够将更多的环保知识传播给社区居民，增强他们的环保意识。雷蕾相信，只有全社会共同努力，才能真正实现生态环境的可持续发展。

"作为一名基层巡护员，我非常热爱现在的工作，能有幸在家门口为家乡的生态保护做一点点小的贡献是十分难得的机会，我会努力提升自己把工作做得更好。"雷蕾笑着说。看似平凡的协助巡护员的故事，不仅让我们看到她在挑战面前的坚韧和努力，更展现了她对自然和社会的深沉爱意与承诺。在未来的日子里，雷蕾将秉持这份初心，持续以实际行动捍卫这片碧水，让更多人深刻理解巡护工作的非凡价值与深远意义。

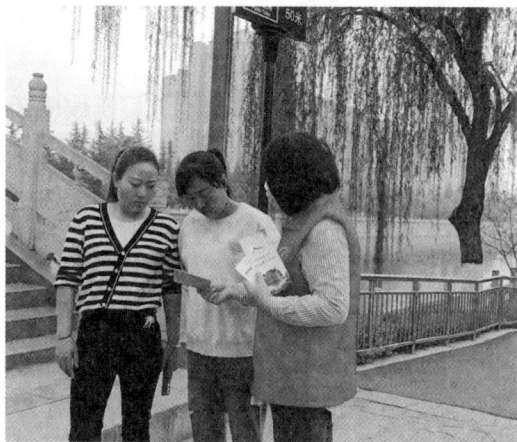

展望未来

　　长江，这条中华民族的母亲河，承载着无数人的记忆与希望。然而，随着时代的变迁，长江的生态环境也面临着前所未有的挑战。为了守护这片碧水，无数勇敢的协助巡护员们选择放下渔网，拿起巡护工具，用自己的汗水和智慧守护长江的安宁与繁荣。他们的故事是长江大保护的生动缩影，也是生态文明建设的最佳诠释。

　　十年禁渔，是长江生态修复的艰难长征，更是我们与自然和谐共生的美好未来。无数英勇的巡护员们，用脚步丈量着长江的每一寸土地，用汗水浇灌着长江的碧水蓝天。他们不畏艰险，甘于奉献，用实际行动诠释着对长江的热爱和对生态文明建设的责任担当。

从"捕鱼人"到"护鱼人"：转变，是责任，也是担当

　　像舒银安、钱明胜、周界武这样的队员，都曾是长江上的"捕鱼人"，见证了长江渔业资源的枯竭和生态环境的恶化。他们深知，保护长江，就是保护我们共同的家园。于是，他们毅然决然地放下渔网，投身到协助巡护队伍中，用行动践行着对长江的热爱和对生态的责任。

科技赋能，智慧巡护：创新，是力量，也是希望

　　面对广阔的水域和复杂的形势，队员们积极学习新技术、新设备，将科技手段应用到巡护工作中。无人机、监控设备、信息化系统等，都成了他们守护长江的利器。他们不断创新巡护策略，提高工作效率，为长江的保护贡献着智慧和力量。

宣传引导，凝聚共识：沟通，是桥梁，也是纽带

　　队员们深知，保护长江，需要社会各界的共同参与。他们积极宣传禁渔政策，普及生态保护知识，与群众沟通交流，引导他们树立正确的环保意识。他们用自己的行动，凝聚起保护长江的强大力量，为长江的恢复和发展添砖加瓦。

守护生态，守护未来：坚持，是付出，也是收获

每天，队员们都要面对各种困难和挑战，但他们从未放弃。他们冒着危险，坚守岗位，用实际行动守护着长江的每一寸水域。他们用自己的付出，换来了长江生态的逐步恢复，换来了鱼儿重返江面的喜悦，换来了江豚"微笑"重现的惊喜。

未来可期，希望永恒：畅想，是梦想，也是责任

长江大保护是一项长期而艰巨的任务，需要我们一代又一代人的共同努力。希望队员们继续发扬奉献精神，不断提升自身能力，探索更多可能性，为长江的保护贡献更大的力量。我们相信，在大家的共同努力下，长江的明天一定会更加美好！

向所有协助巡护员们致敬！他们的事迹，是长江十年禁渔的生动写照，更是我们共同的希望与信念。让我们行动起来，以他们为榜样，从自身做起，从小事做起，为长江的生态修复和水生生物保护贡献力量。让我们携起手来，共同守护长江，让长江之水永续流淌，让长江重现鱼翔浅底、水清岸绿的美丽景象，让长江之水成为我们世代子孙的永恒福祉。

中国野生动物保护协会水生
野生动物保护分会会长

2024 年 9 月

图书在版编目（CIP）数据

2024 最美长江协助巡护员事迹汇编 / 湖北省长江生态保护基金会组编． -- 北京：中国农业出版社，2024. 12. -- ISBN 978-7-109-32874-7

Ⅰ．K828.9

中国国家版本馆 CIP 数据核字第 20249H9R91 号

中国农业出版社出版

地址：北京市朝阳区麦子店街 18 号楼
邮编：100125
封面照片摄影：杜华柱 余会功 张子强
责任编辑：肖 邦 王金环
版式设计：王 晨 责任校对：张雯婷
印刷：北京通州皇家印刷厂
版次：2024 年 12 月第 1 版
印次：2024 年 12 月北京第 1 次印刷
发行：新华书店北京发行所
开本：700mm×1000mm 1/16
印张：14.5 插页：10
字数：242 千字
定价：120.00 元

2017 年 6 月 13 日，长江江豚拯救联盟成立大会

2018 年 1 月 15 日，协助巡护工作总结会议

2018 年 3 月 7 日，长江江豚拯救联盟交流中心在武汉成立

2018 年 6 月 8 日，长江江豚协助巡护工作总结会

2018 年 6 月 8 日，长江江豚协助巡护工作总结会现场

2019 年 6 月 10 日，协助巡护和渔民转产转业专题研讨会

协巡员在协助打击非法捕捞行为

巡护员使用江豚管家 APP

江豚巡护员

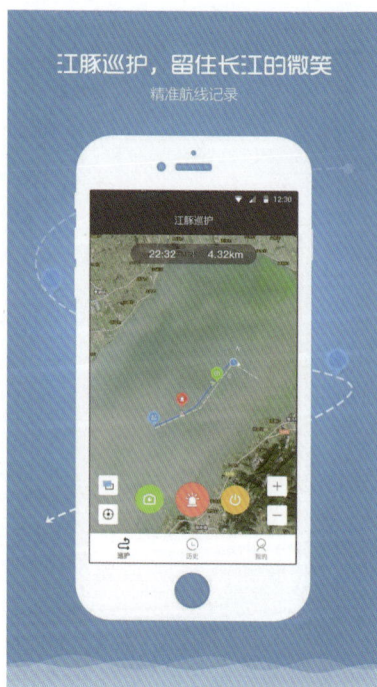

江豚管家 APP

鄱阳湖湖口县协助巡护队队长周军琪

湖口协助巡护队 2017 年合影

2017 年 6 月 13 日，长江江豚拯救联盟成立会议上，为鄱阳湖湖口、
何王庙/集成、洞庭湖、安徽安庆四个江豚协助巡护示范点授牌

2017 年 6 月 15 日，湖口协助巡护示范点成立

2017 年 6 月 20 日，何王庙/集成协助巡护示范点成立

2017 年 6 月 21 日，洞庭湖协助巡护示范点启动仪式

2017 年 6 月 21 日，洞庭湖协助巡护示范点启动仪式 2

2017 年 6 月 29 日，安庆协助巡护示范点成立

2018 年 7 月 12 日，宜昌协助巡护示范点成立

2018 年 7 月 30 日，鄱阳、九江、宜宾、新螺、天鹅洲示范点授牌

2018 年 7 月 30 日，第一期协助巡护员培训班

2018 年 10 月 24 日，第二期协助巡护员培训班

2019 年 7 月 31 日，第三期协助巡护员培训班（上饶）

2021年10月24日，第一期协助巡护骨干培训班（武汉）

2022年9月14日，第二期协助巡护骨干培训班（苏州）

2022年10月24日，第三期协助巡护骨干培训班（永修）

2023 年 3 月 23 日，第一期协助巡护骨干培训班（安庆）

2023 年 7 月 31 日，第二期协助巡护员骨干培训班（宜宾）

2023 年 8 月 14 日，第三期协助巡护员骨干培训班（宜昌）

2023 年 11 月 14 日，第四期鄱阳湖协助巡护骨干培训班（鄱阳）

2024 年 6 月 4 日，协助巡护骨干培训班（江西）

2024 年 6 月 18 日，汉中培训班

2024 年 7 月 17 日，协助巡护骨干培训班（青海）

2024 年 7 月 30 日，协助巡护员骨干培训班（武汉）

2021 年 10 月 18 日，2020 年长江流域渔政协助巡护员评选活动

2021年10月18日，首届长江流域渔政协助巡护员评选活动——最美巡护队

2022年10月24日，2021年度长江流域渔政协助巡护员评选活动

2023年7月31日，2022年长江流域渔政协助巡护员评选活动

2024 年 7 月 31 日，2024 最美协助巡护员活动

2018 年 11 月 25 日，协助巡护体验活动

2019 年 1 月 15 日，鄱阳湖协助巡护体验活动

2019 年 12 月 1 日，洞庭湖协助巡护体验拆迷魂阵

2019 年 12 月 1 日，洞庭湖协助巡护体验活动

2021 年 3 月 28 日，78 级武汉大学哲学系校友体验协助巡护

2023 年 3 月 4 日，宜昌协助巡护体验活动

协助巡护项目荣获 2019 "福特汽车环保奖" 年度大奖

2020 年 11 月 18 日，CCF 因 "长江大保护协助巡护行动"
获得了保尔森可持续发展奖自然守护类别优胜奖

2023 年 10 月 24 日，腾讯公益基金会捐赠协助巡护"一专多能"计划

王者荣耀小游戏助力协助巡护员保护江豚